GW00871115

HUIT JOURS EN ÉTÉ

Né le 6 octobre à Marseille, Claude Klotz vit depuis 1938 à Paris, est marié et père de deux enfants. Après des études de philosophie, il fait la guerre d'Algérie puis enseigne dans un collège de banlieue parisienne jusqu'en 1976. Il vit aujourd'hui de sa plume et est critique de cinéma au journal « Pilote ». Il publie d'abord des romans policiers, Darakan, *la série des* Reiner *qui fut adaptée à la télévision avec Louis Velle dans le rôle de Reiner. Passionné de cinéma, il écrit aussi des romans qui sont des pastiches de films d'épouvante ou de films d'action comme* Dracula père et fils *et* Les Fabuleuses Aventures d'Anselme Levasseur. *Dracula, Tarzan, les Trois Mousquetaires y sont mis en scène avec beaucoup d'humour. D'autres romans sont presque autobiographiques comme* Les Mers Adragantes *et* Les Appelés, *sur la guerre d'Algérie. Il connaîtra la célébrité, sous le nom de Patrick Cauvin avec des best-sellers comme* L'Amour aveugle, Monsieur Papa, Pourquoi pas nous ? E = mc², mon amour, Huit Jours en été, Nous allions vers les beaux jours *dont l'action se passe dans les camps de concentration et* Dans les bras du vent, *une histoire d'amour entre deux handicapés sont ses œuvres les plus récentes. La plupart de ces livres ont été portés à l'écran.*

Parmi les causes de son succès il y a son humour constant, si tragique soit le sort de ses héros, et une langue pleine de verdeur et de réalisme qui utilise aussi bien l'argot, le yiddish, que les expressions d'enfants. Claude Klotz exorcise la souffrance et la mort en chantant l'amitié et l'amour. Il fait espérer les plus démunis, ceux qui n'attendent plus rien de la vie et communique ainsi au lecteur une intense émotion.

Toute sa vie les vacances de Jean-François Varnier furent un bagne. Enfant, pendant la guerre, il restait jouer dans les rues de la Porte Champerret. Pour lui, pas de grand-mère dans le Loir-et-Cher. Marié, il emmène sa famille camper à l'océan et passe son mois d'août coincé entre les caravanes avec sa femme et deux de ses enfants. Ils ne s'ennuient pas; Simone a ses magazines, Monique son transistor et Sylvestre ses haltères perfectionnés. Seul Jean-François se sent prisonnier, le seul prisonnier de l'après-guerre.

(Suite au verso.)

A peine installé sur sa place de parking, résigné, il reçoit un télégramme de son fils aîné. Louis, le vagabond qui envoie des cartes postales du Népal ou de Karachi, l'appelle au secours de l'Hôtel-Dieu où il est couché. Ravi de quitter le délicieux bord de mer, le père rentre à Paris pour apprendre de son fils qu'il doit se rendre aux Indes pour demander la main d'une jeune fille à sa famille. Il partira pour ce pays lointain émerveillé par ce coup du sort. La jeune fille, Sanandra, l'accueillera à Bénarès. Belle et intelligente, elle saura initier l'Européen aux charmes de l'Inde. Elle lui donnera toutes les couleurs et toutes les odeurs de l'Orient, odeur de crasse et de musc, d'urine et de santal, tous les mystères aussi de cette ville sainte où des milliers de pèlerins affluent pour se purifier dans le Gange et mourir. Elle lui donnera huit jours d'une fête intense, l'aventure et l'amour, et toute sa vie en sera illuminée. Ce roman de Patrick Cauvin est le plus fascinant des récits de voyage où l'amour de Sanandra et de Jean-François, les discussions sur les beautés et les malheurs de l'Inde et l'humour du narrateur font un extraordinaire mélange.

ŒUVRES DE PATRICK CAUVIN

Dans Le Livre de Poche :

L'AMOUR AVEUGLE.

MONSIEUR PAPA.

E = MC², MON AMOUR.

POURQUOI PAS NOUS ?

PATRICK CAUVIN

Huit jours en été

ROMAN

JEAN-CLAUDE LATTÈS

A	AR
B	BR
C	CR
E	ER
H APR 1984	HR
K	KR
L	LR
M	MR
N	NR
P	PR
Q	QR
T	TR
W	WR
SL	YR
D	G
I	F
J	S

I

L'UNIVERS entier attend cette aurore.

Je me demande s'il existe dans un recoin du monde occidental un seul homme qui peste contre la venue de ce nouveau jour.

On serait au moins deux.

1er août 1978.

Lorsque je dis « pester », j'emploie un terme qui ne convient guère, car mon mécontentement est tout intérieur et ne se trahit par aucune manifestation.

Pas si fou.

Au contraire, j'espère donner l'impression d'un enthousiasme modéré à l'aube de ce grand mois de vacances qui démarre à peine...

Seigneur. Un mois.

Trente jours qu'il faudra passer un à un... Plus que vingt-neuf, que vingt-huit, que vingt-sept...

Au fond, je n'ai jamais cessé de rayer tous les jours de ma vie.

Cela a commencé à la communale, où je noircissais calendrier après calendrier, du cours préparatoire jusqu'au certificat d'études... J'ai continué à l'armée, des classes jusqu'à la quille. Ça continue.

Je vis des jours rayés... Je dois être un drôle de zèbre.

Rien d'ailleurs n'est plus rayé dans mon souvenir que les vacances. Je n'ai pas de chance avec elles.

D'abord, parce que je n'en ai pas eu : j'ai joué durant les quatre ans de guerre dans les rues désertes de la porte Champerret... J'ai traîné mon ennui de gosse le long de kilomètres de rideaux de fer... Je sens encore la chaleur du soleil sur le métal ondulé. J'ai poussé un par un des tonnes de cailloux sur les trottoirs blancs des rues mortes... Je rentrais à l'école en octobre, blanchâtre et tristounet, au milieu de copains hâlés par les campagnes où tous avaient des grand-mères... J'en ai rêvé, des grand-mères à la campagne! La mienne habitait au quatrième un placard sur cour, rue Rambuteau. Elle vivait à l'électricité permanente. Elle respirait petitement pour économiser l'oxygène et, dès qu'on était deux dans la cuisine, c'était l'asphyxie... Bref, c'était le contraire du Loir-et-Cher.

J'ai rêvé du Loir-et-Cher comme les gosses d'aujourd'hui rêvent du Wyoming. Mes copains partaient tous dans le Loir-et-Cher, c'était le grand pays des grand-mères dans les années quarante et...

Mais qu'est-ce qui me prend ce matin? Je devrais bondir, dynamique et effervescent, chantonner en enfilant mon uniforme de joyeux estivant, casquette à visière et sandales plastiques, pom, pom, pom...

Et, au lieu de ça, je me paie un battement de cœur, lourd et épais, la tête sous les draps, à espérer, à tant vouloir que les aiguilles soient plus lentes, que cinq heures n'arrive jamais.

C'est l'une des caractéristiques de ma vie : ou je raie les heures écoulées, ou je souhaite désespérément que l'heure à venir ne vienne pas... Deux entreprises aussi ridicules l'une que l'autre, je suis un imbécile, tout vient de là et rien n'est plus simple, un imbécile doté d'un talent infini pour se passer la vie au cirage.

Cinq heures moins vingt... Vingt minutes encore : l'éternité.

Simone dort. Femme admirable, Simone; elle est de cette sorte d'êtres qui, lorsqu'ils ont peu à dormir, disent : « Il faut vite dormir, car il faut se lever tôt »; conséquence : ils dorment bien. Le résultat est évidemment l'inverse pour moi : l'idée de devoir bien dormir m'entraîne à ne pas fermer l'œil.

Où j'en étais ? Ah ! oui, les vacances...

De ce point de vue, la fin de la deuxième guerre mondiale n'a pas arrangé les choses, puisque j'ai eu à subir une série de colonies de vacances absolument hallucinantes jusqu'aux approches de la puberté.

Je pourrais être intarissable là-dessus, y rêver des semaines, m'extasier trente ans après de ne pas en traîner encore des séquelles. J'ai, depuis, la terreur des jeux de piste, la phobie des dortoirs, la panique des veillées... J'ai été des années celui qui ne s'acclimate pas... J'y mettais de la bonne volonté pourtant, je me rassurais, je faisais des efforts : « C'est l'affaire de quelques jours, après, je me ferai des copains, je serai dans le bain... » Je ne commençais à me sentir bien que dans le train du retour, je passais les mois d'août dans les larmes, mouillé jusqu'en septembre; je me demande comment j'ai tenu... Un petit quart d'heure encore.

L'horreur des communautés. C'est exactement ça : comme une allergie. Je ne supporte pas les regards, les sourires... Et à chaque mois d'août, crac, le martyre.

Elle a bougé. Cette femme est un réveille-matin. Sylvestre doit être debout. Dans quelques minutes, on va entendre les courroies du cyclo-rameur.

Un cyclo-rameur à vingt-trois ans, ça fait drôle. Il est vrai que celui-là est spécial...

Paris au mois d'août... Il y a eu des chansons là-dessus, des films, des livres... Un rêve encore...

Je me lève, il est dix heures et je suis seul, je vais traîner, pyjama et joues râpeuses; je me penche au balcon de l'été et les rues sont vides, donc à moi. Tous sont partis, la radio le dit, qui sait tout : bouchons à La Ferté-sous-Jouarre, trente kilomètres; soixante à la frontière espagnole; Nogent-le-Rotrou bloqué... On ne passe jamais à Nogent-le-Rotrou, des accidents partout, tous à rissoler dans les Simca, les Renault, les caravanes, et moi, moi, Jean-François Varnier, seul dans ma maison vide, libre enfin comme jamais je ne le fus, à bouffer mes croissants en direct dans la cafetière pour économiser la vaisselle que je me suis promis de ne faire qu'une fois dans le mois...

A petits pas, en pantoufles et maillot de corps, sous les acacias de l'avenue à humer l'air du XVIIIe... Je ferai les vieux cinémas et y verrai de vieux karatés à trois francs cinquante les deux... La télé le soir, tranquille, calé dans deux coussins, du premier journal jusqu'à la dernière speakerine, les fenêtres ouvertes sur l'été et les pigeons... Seigneur, j'en salive.

Pourquoi je ne le dis pas ? Pourquoi est-ce que je n'ose pas leur dire que c'est ça dont j'ai envie ? Que j'en ai marre du camping à la mer, que l'idée seule m'en rend malade trois mois à l'avance ?...

Ils s'amuseraient bien mieux tous les trois tout seuls, il leur en faut si peu au fond : Monique et son transistor, Simone et ses magazines, Sylvestre et ses haltères perfectionnés... Un peu de soleil là-dessus, trois grains de sable et ça leur mijote de bonnes vacances, c'est eux qui sont dans le vrai sans doute, moi, je suis trop compliqué, il me faut..., il me faudrait la terre entière, et encore il me manquerait quelque chose... Le drame, c'est que je ne sais même pas ce qu'il me faudrait... Un peu de paix peut-être, une douceur qui viendrait on ne sait d'où, une suspension du vacarme, une musique dans la nuit, une atmosphère... Je me complique tout, je n'arrive pas à être heureux avec peu de chose... Non, ce n'est pas ça non plus, puisqu'il me suffit parfois de moins que rien...

En résumé, je suis un emmerdeur qui n'emmerde que lui. Ils doivent bien sentir que cette vie m'ennuie, mais qui irait imaginer que je n'ai pas le courage de la refuser ?... Cinq minutes.

Voilà l'image de ma vie : je devrais fredonner gaiement sous la douche, tout à la joie de ce jour nouveau, et je m'engonce dans l'amère moiteur de maussades ruminements. Lève-toi, Jean-François, et clame que tu restes. Le ton ferme, l'œil assuré : « Tout bien réfléchi, je ne pars pas cette année, je vais me reposer quelques jours seul ici... »

Je vois leurs têtes stupéfaites, mais il fait acte d'autorité, ma parole !

Ils ouvrent la bouche pour protester, mais mon regard d'acier leur cloue les mots sur les lèvres : « C'est ainsi, inutile de discuter. »

Et toc. A la John Wayne. C'est de là que me vient mon amour des westerns; ces types tranquilles et tranchants... Célibataires en plus.

Allons, cette fois j'essaie et...

Bon Dieu de réveil, on a beau ne pas être endormi, ça me met quand même le cœur à douze cents tours-minute.

Je pédale sous les draps, haletant.

Sylvestre meugle à la porte. Cataracte des douches : ma fille est levée. Simone s'assied et tâte de l'index la ferraille de ses bigoudis. C'est la mise en plis des vacances, régulière comme un 1er août. Ils sont debout et je me lève, il le faut, sinon ils pourraient croire que ça ne me fait pas plaisir.

J'émerge. Cinq heures du matin. 1er août.

Youpi.

Sylvestre passe un index précautionneux sur l'étincelante carrosserie de la 504 qu'ils m'ont forcé à acheter et cligne des yeux vers le soleil déjà haut au-dessus des toits.

« Ça chauffe, et il y a une chose que je peux t'assurer, c'est que ça va chauffer encore plus. »

Belle formule. Il a commencé vers l'âge de douze ans à dire des choses de ce genre; il a une passion pour les évidences catastrophiques. Quand il se met à pleuvoir, il dit : « Il pleut, et vous pouvez être sûrs d'une chose, c'est que c'est pas près de s'arrêter. »

C'est terrible de n'avoir rien de commun avec son fils, c'est presque monstrueux. Je ne me sens pas plus d'affinités d'ailleurs avec Louis, si différent de Sylvestre.

J'ai les raquettes de badminton qui glissent. C'est fou ce que les pagaies peuvent être encombrantes; il y a écrit *Super-Caraïbe* sur le manche. Je les appuie contre la voiture.

« Lève ça de là, tu vois bien que ça raie. »

Je reprends les pagaies. Un homme qui ne s'est jamais retrouvé debout, à Paris, sur un trottoir du XVIIIe arrondissement, à six heures du matin, avec une pagaie dans chaque main, ignore ce que c'est que le tragique de l'existence. Je dois avoir l'air de ramer dans le vide.

Sylvestre me regarde, ne semble pas apprécier le spectacle et se détourne, écœuré. Il soulève le capot de la voiture comme s'il défaisait le pansement d'un grand brûlé.

Le moteur rutile. C'est lui qui l'entretient, évidemment.

Il recule légèrement, incline la tête avec l'air soucieux-connaisseur qu'il réserve à ce genre de grand moment.

« Un léger réglage des culbuteurs à l'arrivée », murmure-t-il.

Je contemple, fasciné, les mollets quasi sphériques de mon fils. Les muscles des cuisses ondulent en couleuvres. Quatre-vingt-neuf kilos, le rejeton, des pectoraux comme des ballons de football, des abdominaux quadrillés... Quand il remue le petit doigt, tout ondule sous la peau jusque dans les orteils. Il a commencé le culturisme à quinze ans et voilà le résultat : un monstre.

Inutile de mentionner qu'à côté je fais léger-léger. J'ai beau me dire que c'est moi le papa, j'ai toujours peur qu'il me prive de dessert.

Il soulève les valises comme des roses tandis que je m'installe à l'arrière. Je préfère être à l'arrière, c'est ma place. Et puis Sylvestre aime conduire, il guette les bruits, les sourcils froncés... J'ai, chaque fois, cet espoir bête que ça va être différent, ne serait-ce qu'un peu, et chaque année ce sont les mêmes gestes, les mots, l'odeur de moleskine chaude dans la voiture surchargée, et Sylvestre au volant qui va râler parce que Monique branche son transistor sur le hit-parade et qu'il n'entend plus la rumeur des cylindres.

« Ah ! t'es tout de même prête ! »

Je n'ai même pas entendu venir ma fille.

Elle brille déjà de crème antisolaire. Elle mastique latéralement son chewing-gum et le seul but de sa marche ne semble pas être d'avancer mais de faire mouvoir les globes élastiques de ses fesses sous le jean tendu à la limite du craquement des coutures.

Elle a déposé la glacière portative sur le trottoir et appuie contre la portière le paquet de gaules pour la pêche au lancer. Je n'ai pas envie de la prévenir du danger.

« Tu te fous de ma gueule ou quoi, dit Sylvestre, combien de fois je dois le répéter ? »

Sans cesser de mâcher, elle reprend les cannes, regarde vers le haut de la rue et lâche, excédée, d'un côté de la bouche.

« Ça raie la peinture. Je sais. »

D'un coup de reins de déménageur, Sylvestre soulève trois lits de camp, quatre matelas pneumatiques, le sac pour les cordages et cercle le tout sur la galerie. Son rêve à lui, c'est la caravane, surtout pour aller doucement et faire des bouchons sur les nationales.

C'est la jeunesse d'aujourd'hui. En prise sur le réel. Allons, je suis un vieux con, mais, quand je les vois tous les deux, je me demande ce que l'humanité nous réserve.

Sylvestre bigle sur sa sœur.

« Tu peux pas t'habiller autrement pour aller à la mer ? Tu serais pas mieux en short ? »

Elle le toise comme s'il était une chose très ancienne et vaguement répugnante.

« J'aime pas les shorts, j'ai les jambes trop grosses. »

Elle regarde l'autobus arriver et tente de percevoir son reflet dans les glaces trépidantes.

Sylvestre referme le dernier mousqueton et palpe son deltoïde droit. Son biceps est à peu près de la circonférence de ma cuisse. Il lorgne sur le tee-shirt de Monique.

« *Indiana University!* Ça la fout bien quand on

n'est même pas capable de passer son C.A.P. sténo ! »

Elle sort de son sac croco plastique son vert à paupières « love me tender ».

« Laisse-la, dis-je, c'est un problème réglé; pour l'instant, c'est les vacances. »

Il hausse les épaules tandis qu'elle étale la pâte brillante jusqu'à la racine de ses sourcils.

« Deux ans, dit-elle, encore deux ans et je me tire. Finies les vacances à la con. »

Elle est ma fille. J'ai dû autrefois la porter sur mes épaules et l'aider à ranger ses poupées, cela s'est certainement produit. Elle a dû se pendre à mon cou et me donner ma part de bises. Il ne peut en avoir été autrement...

Aujourd'hui, je n'en ai plus aucun souvenir. Les photos où on la voit petite me semblent être l'image d'une enfant disparue. Quelque part entre douze et quatorze ans, cette gosse est morte et une autre a surgi que je ne connaissais pas et que je ne m'explique pas...

Je n'ose plus lui parler. Cela est sans doute ma faute, mais elle représente pour moi tout ce que j'ai tant redouté et détesté chez les filles : ce côté gouailleur et pulpeux qui m'a toujours terrorisé et que je retrouve en elle; même son œil ricane. Une fois, des copains m'avaient entraîné à la salle Cadet; il y en avait des tas, de ces filles qui se dandinaient dans le dimanche après-midi, les chignons écroulés, sifflant des Coca-Cola et se faisant rouler des pelles terribles par des costauds à blouson qui vrombissaient du scooter jusqu'à la porte Clignancourt, les cheveux collés à la Presley. Peut-être ne nous sommes-nous jamais aimés, cela suffit à tout expliquer...

Mais je ne comprends pas; il y a des livres à la maison, des bibliothèques, j'ai passé du Beethoven sur le tourne-disque pas moins qu'un autre, j'ai surveillé les livrets scolaires, je les ai traînés à la Comédie-Française voir *L'Avare, Tartuffe,* enfin les bonnes pièces, je leur ai montré la *Joconde* et la *Vénus de Milo,* et à dix-sept ans elle ne décolle pas d'Europe 1 en se maquillant à longueur de journée, tandis que l'autre manœuvre son cyclo-rameur en regardant gonfler ses biscottos. La vraie réussite.

Il y a Louis, bien sûr. L'aîné. Mais lui, c'est peut-être pire... Je le vois parfois dans le couloir avec son balluchon roulé et sa barbe d'ermite, tout rapiécé, tout famélique... Il repart toujours, des chaussettes au fond de sa musette. Je l'admire, au fond, moi qui hésite à franchir les frontières des Hauts-de-Seine. Il envoie des cartes postales du Népal, de Karachi. C'est la folie hindoue. Quand il reste un peu, il s'enferme dans sa chambre et il fait encore moins de bruit que lorsqu'il n'est pas là. J'aurais dû lui parler davantage, à lui aussi, mais il y a bien longtemps qu'il s'est persuadé que, de toute façon, il n'avait rien à me dire : je porte la cravate la semaine, j'ai une serviette pour mes dossiers, cela fait vingt-quatre ans que je fais le même boulot, régulier, tous les matins, l'autobus; oui, merde, c'est vrai que je fais ça, pour les faire bouffer d'ailleurs, tous, alors c'est vrai que Katmandou et Bouddha et tout le tremblement, je ne comprends pas, que ça m'énerve même, que je ne supporte pas de le voir tout mou, tout poilu, tout en méditations, tout en vide, on dirait...

Allons, j'ai décroché, on peut bien le dire, je n'ai pas eu le cœur de me battre. J'ai laissé aller, j'ai même fait semblant de m'intéresser à ce qui les intéressait : le nirvâna, Mick Jagger, Monsieur Muscle, toutes leurs lubies, j'ai tenté et je n'ai pas pu, j'appartiens à un autre monde, un vieux monde sans doute, et le nouveau me navre et me terrifie, mais c'est vrai qu'il m'en faut si peu. J'ai écouté leurs chants et je n'ai entendu que du bruit. J'ai dû trop prendre d'autobus et il est trop tard : on ne traîne pas impunément après soi trente années cravatées, un jour on n'est plus récupérable; moi, j'aime Johann Strauss, Mahler, l'opéra, Balzac et Lamartine, Musset surtout, et les tableaux avec des ruines dans des sous-bois, bref, tout ce qu'il faut pour se sentir idiot en société.

Voilà Simone avec le thermos pour la route, le camping-gaz et un rouleau de romans-photo pour le cœur.

« Tout est prêt, mes grands ? »

Je regarde ma femme. Comme chaque fois depuis vingt-six ans que cela m'arrive, j'essaie de retrouver ce que j'ai bien pu, un jour, lui trouver. Il a bien dû y avoir tout de même quelque chose qui explique le fait que nous vivons ensemble depuis plus d'un quart de siècle, mais je me demande bien quoi.

A quoi ressemble-t-elle ? Tout ce que je peux dire d'elle aujourd'hui, c'est qu'elle ne ressemble à rien. Elle couche avec des trucs métalliques, utilise des crèmes complexes et suractivées, mais aucun matin n'apporte de miracle. Elle ne ressemble toujours à rien.

Jamais son apparence n'a éveillé dans un œil la moindre étincelle; quoi qu'elle puisse faire, elle est une sorte de présence vaguement gênante et disgracieuse.

Elle s'assied en révélant des jambes blanchâtres et sculptées de varices vert pâle : un réseau mobile grouille sous le derme triste.

Sylvestre lance le moteur. On part. Trente jours moins une minute. Le compte à rebours est commencé. Le chauffeur jette un coup d'œil à son chrono monobloc à étanchéité totale. Il nageotte à peine, mais il a tenu à s'offrir sa montre de plongée style Cousteau pour épater la dactylo du bord de mer.

« Six heures quarante-cinq. On va essayer de réaliser une petite moyenne. »

Monique crache son chewing-gum par la portière, tire sur l'élastique trop tendu de son slip et lâche sournoisement :

« C'est bloqué sur Nogent-le-Rotrou. Il y a quinze bornes de queue. »

Sylvestre se retourne, soupçonneux comme s'il avait un revolver sur la nuque.

« Comment tu sais ça, toi ?

— Ils l'ont annoncé à la radio au dernier flash. »

Il hoche la tête. Je sais ce qu'il va dire, il va dire...

« Si c'est bloqué à Nogent-le-Rotrou, ça veut dire que ça m'étonnerait que ce soit débloqué ailleurs. »

Je n'ai même pas eu le temps de me dire ce qu'il allait dire qu'il l'avait déjà dit. Je me demande si ce n'est pas lui le plus bête des trois. Je n'ai rien contre le sport. Je n'ai rien pour, non plus. J'ai dû en faire en tout un petit quart d'heure dans ma vie, et je n'y ai pas trouvé un intérêt suffisant pour persévérer, mais je comprends qu'on puisse s'ingénier à courir vite, à pédaler longtemps, à marquer des buts, à gagner par K.O., tout cela je peux le comprendre, mais le culturisme, ça, je ne m'y fais pas. Il s'entraîne, fait des tractions, des haltères, tout un cinéma abominable, et lorsque ça y est, qu'il a bien souffert, il s'huile comme une dorade pour le four et se regarde dans la glace. Il est bourré de muscles inutiles; toute cette carapace invraisemblable de triceps, quadriceps ne lui sert strictement à rien, sinon à faire rire tout le monde. Parce qu'il est comique finalement avec ses dorsaux écartelés. Il a tellement de muscles dans tous les sens que ça le gêne pour marcher; il ne sait pas courir ni sauter ni rien, toujours renfrogné à se mesurer les jumeaux.

Démarrage. Monique ouvre le transistor à plein tube. Les cylindres hurlent.

« Vivent les vacances! » piaule Simone.

L'écho de sa voix meurt lamentablement dans l'air tiédasse de la Peugeot.

On est parti.

Silence.

Les Varnier se taisent quand ils roulent. Beau temps d'ailleurs que le silence n'est plus pour nous une gêne mais une accalmie. Et puis nous n'avons plus rien à nous dire, et cela depuis le premier jour.

Simone ne lève pas le nez, elle lit *Le Crépuscule du désir* et rien ne peut la distraire des amours découpées en photos noires et blanches. Il m'arrive de parcourir ces publications, voire de m'y intéresser; elles sont bizarrement peuplées d'amnésiques femelles qui tombent amoureuses de chirurgiens frisottés tandis que leurs anciens fiancés sont poursuivis par la police. Elles ont en général un enfant en nourrice qui court en socquettes blanches dans les allées d'un parc en criant « Mami, Mami »... Des voitures devant, derrière et sur les côtés. Des mômes hagards derrière des vitres fixent les remblais. Des champs plats. Nous ne prenons jamais la route des beaux paysages, tout est morne ici et glaiseux, blé et betterave... Paris est déjà loin.

Je n'ai pas de souvenirs auxquels me cramponner, j'aurais aimé avoir cela au moins, la belle cicatrice qu'on grattouille un peu parfois lorsqu'il est bon de souffrir un tantinet pour se sentir mieux vivre; oui, ce doit être doux de sentir que l'on a vécu la belle histoire, la belle amour un peu déchirante et bien ancienne mais qui vous rend encore, au détour d'un chemin de la mémoire, l'âme un peu navrée... Oh! bien sûr, j'en ai connu quelques mignonnes autour des murs de mes lycées, dans les quartiers où j'ai vécu, j'ai connu la saveur des gros galous des années vertes, mais au fond, le bilan fait, il ne reste guère de visages; pas un qui surnage vraiment et qui pourrait en ce moment larguer les amarres du rêve...

J'étais amoureux sans trêve, avec une extrême facilité; j'ai aimé de tout, même une marchande de gruyère de soixante-quinze kilos, une passion folle pour une bigleuse à oreilles décollées et à sexualité délirante qui me traînait au fin fond des mezzanines des cinémas du XIIe arrondissement, derrière la gare de Lyon, au temps où il y avait plein de cinémas et peu de garages... Il y en eut des belles aussi, des douces, des rieuses, des gentilles... Le drame, c'est qu'aucune, aujourd'hui, ne ressorte... Je manque d'histoires d'amour. Là aussi, j'ai dû être trop difficile, trop compliqué, j'ai peut-être trop lu, trop rêvassé. Ça me tiendrait bien compagnie pourtant en ce moment une belle histoire, une fille qui viendrait du passé me refiler un grand coup de goût de désespoir, au moins j'aurais soudain le goût de quelque chose...

Monique, près de moi, s'englue dans la cataracte sucrée des voix et des musiques, chansons en série, mélopées en sirop pour âme à la nage... Les Varnier roulent vers les rivages surpeuplés, Sylvestre l'œil vissé au compteur, Simone dans la gadoue des amours à la vanille, Monique dans sa colle sonore, moi dans mes regrets imprécis...

Chacun ses soupes.

II

Le visage ruisselant de sueur de Sylvestre passe par la portière.

« Varnier, dit-il. J'ai retenu il y a un mois. Une tente pour quatre personnes. »

Le regard du bronzé glisse, impressionné, sur les avant-bras de mon fils et cherche, à travers les glaces miroitantes, à se rendre compte si les autres membres de la famille sont du même acabit. Il m'aperçoit et paraît tout de suite rasséréné. Ses mains moites feuillettent un carnet à souche.

« Varnier, Varnier... »

Il ne trouve pas et Sylvestre s'inquiète.

Partout, jusqu'au rivage, l'air chaud vibre au-dessus des toits métalliques des voitures arrêtées. Sous les auvents de toile devant les caravanes, l'eau grasse des vaisselles stagne dans les baquets. Nous voici aux portes du camp.

Le camp.

Quatre ans que nous y venons. Quatre ans de camp. Je suis le seul prisonnier de l'après-guerre. Papa avait fait quatre ans près de Sarrebruck, je fais les miens à Saint-Hilaire-de-Riez, plage vendéenne.

Derrière la 504, la file s'allonge et bloque la rue.

D'une familiale Citroën, deux coups de klaxon jaillissent et le bronzé fronce le sourcil.

« T'as tout le temps, Toto, c'est les vacances. »

Sylvestre rit, complice et obséquieux; il est bon d'être en bons termes avec le gardien, car il peut vous placer en bordure de dégagement, et alors, là, c'est la poussière et les gaz d'échappement au ras des narines assurés pendant un mois, pire que la gare Saint-Lazare à l'heure de pointe, sans compter les gravillons dans les gamelles jusqu'au jour du départ.

Il suce son crayon et lâche d'une traite :

« Pour les fers à repasser, moulins électriques et barbecues y a un supplément à payer, je passerai en fin de soirée. Vous prenez l'allée E, c'est la place 142 contre la dune, vous serez près des douches. »

Monique s'arrache à son magma sonore et soupire :

« Y a pas d'ombre.

— Suivant. »

Sylvestre remercie et embraie. Vingt mètres plus loin, il dit « Vieux con » et serpente entre les allées mi-sable mi-béton; il fait au moins quarante degrés à l'ombre.

« A gauche, dit Simone, à gauche, regarde la pancarte. »

Allée E. C'est indiqué en jaune sur fond noir; cela forme une sente qui tourne, bordée de tentes bouton-d'or ou bleu lavande.

Les pneus des voitures sont camouflés par des cartons qui portent le nom d'eaux minérales. Des gosses jouent sans enthousiasme entre des sièges en duralumin. Un pépé en bermuda lit *France-Soir* dans sa chaise longue et ses orteils frôlent la portière de la Peugeot au passage.

« 142, dit Monique, c'est là. »

Sylvestre coupe le contact et se décolle du siège

avec un bruit de ventouse. Le sable brûle à travers les semelles. De derrière les dunes monte la rumeur de la foule sur la plage, et une nausée que je connais bien me surgit du fin fond des intérieurs. J'en sais bien la raison : pendant un mois, je ne pourrai plus être seul.

Je n'ai de souvenir heureux que de bonne solitude... Je me souviens de rues, de quartiers où j'ai marché en automne et où l'odeur des feuilles mouillées avait le parfum exact qu'il fallait. J'ai la mémoire des squares comme les petits vieux, j'aime les chaises pliantes aux peintures écaillées, les rocailles, les gardiens voûtés qui errent d'une année à l'autre... Dans ces lieux, les bruits de la ville se tamisent, elle bourdonne tout autour, rassurante et lointaine. J'aime bien les arbres étriqués des jardins de Paris. J'y ai fait des haltes répétées avant de rentrer à la maison. C'était le bon moment de la journée, je regardais les retraités sur les bancs du soir... Je ne savais pas encore que je me fabriquais des regrets. Ici, c'est l'inverse de mes vieux squares, on y crie très fort, le soleil y explose, les gens s'y étalent, les couleurs y éclatent... Là-bas, tout était en sourdine, de la mort des feuilles jusqu'au bavardage des vieux... Vieil or, vieux arbres, vieilles grilles, j'ai aimé les vieilleries, les vieilles gens; tout gosse déjà, ça me fascinait, c'était peut-être une certaine façon de fuir la vie. Enfant, j'adorais regarder les photos, les anciennes surtout, celles qui sont passées avec des couleurs de layette ou de moutarde délayée... Des femmes cambrées et sérieuses s'y appuient sur des ombrelles. J'ai conservé le portrait de ma mère et je le regarde souvent : elle est à une fenêtre et se penche vers les frondaisons d'un parc, elle sourit dans le vide, pour elle seule. Ce qui est drôle, c'est que toute sa vie se résume dans cette image, comme si elle était d'un temps où les destins étaient sans surprise, où l'on pouvait s'attendre à sa vie, sans tragédies, sans bouleversements, sans coups du sort. La vie à l'estompe, la vie calme...

« Bon Dieu, dit Sylvestre, c'est de moins en moins large. »

Entre une caravane Summer Paradise semi-démontable et une splendide hollandaise au double toit vert olive, il y a un rectangle marqué à la peinture blanche comme une place de parking.

« C'est pas tout ça, on n'est pas là pour de rire. Au boulot. »

C'est parti. Je visse déjà les tubes des arceaux. Monique et Simone filent vers le supermarché Holiday Sun avant le retour des premiers baigneurs, car il faut bouffer ce soir, et dès six heures, il y a la presse. Au-dessus, le soleil frappe comme un sourd les toits de toile et de métal. Peut-être tout sera-t-il cuit ce soir pour le repas d'un dieu dévastateur.

Je perds ma vie seconde après seconde.

Suis-je le seul de ma sorte ? Quelqu'un autant que moi éprouve-t-il l'impression d'être d'un autre temps ? Je me suis gouré de siècle, deux ou trois de retard, cela n'aurait rien de grave si le XXᵉ ne me rentrait pas dedans à cent à l'heure. C'est cela, avoir des enfants : prendre de grands coups intempestifs de Présent à travers la vie. Je rôde sous les ombrages d'un château Louis XIII, et vlan ! ils débarquent avec Europe 1, le Kama Soutra au goût du jour et des muscles carénés ; je m'étendais mollement le long de bassins où traînent encore les lueurs mourantes d'un long jour, et crac ! ils arrivent avec leur raffut, matelas pneumatiques, 45 tours, tintamarre et bariolage, bigoudis, eye-liner, rock and folk, drums et toni-truances...

Leur rythme m'affole ou m'exaspère, tandis

qu'ils écoutent, affalés et larvaires, le langage réduit à l'onomatopée tronquée... Ils s'intéressent aux ferrailles pétaradantes, Monique surtout, elle adore, en blouson clouté, chevaucher des Yamaha en croupe de loubards aux nuques épaisses.

Peut-être est-ce que je les déteste... Monstrueux.

J'ai perdu le marteau pour enfoncer les piquets... Je l'avais posé là et il n'y est plus. J'ai remarqué que les objets dont je n'aime pas me servir ont une tendance très nette à s'éloigner de moi. Je les comprends. Je comprends sans doute mieux les objets que les hommes.

Des types blonds et graciles passent en jean cintré.

Sylvestre serre les tendeurs.

« C'est bourré de Boches, dit-il, pire que l'année dernière. »

Exemple excellent de l'internationalisme généreux de l'actuelle jeunesse. Sa largesse d'idées me surprendra toujours.

Simone revient. Il y aura du spaghetti ce soir.

« Tu viens te baigner ?

— Un peu plus tard. Je vais installer un peu. »

Ils se préparent. Dans l'abstrait, ça n'a pas l'air de nécessiter beaucoup de matériel, de se plonger dans l'eau; en réalité, la liste est interminable : serviette-éponge, rabanes, parasol, maillots. Ils sont en train de tout réunir, d'amonceler le matelas de plage, les trucs pour gonfler, les lunettes pour le soleil, les masques pour l'eau, les palmes pour lui, les huiles pour elles.

« Tu prends ton poste ? »

Et un transistor en plus.

« Tu prends ton dos-nu ou le deux-pièces ? »

Sylvestre ajuste sa casquette à visière transparente. Partez vite, bon sang, partez, qu'il ne reste que moi, que je vole une heure, une heure seulement.

Peut-être suis-je malade, certainement même; c'est anormal, car il n'y a que moi qui fais ça, tous s'agitent, courent après des ballons, plongent, rament, crient, et moi qui ne demande que la pénombre et la venue de rêves, c'est maladif, je le sais bien...

« Tu viendras nous rejoindre? On est près de la crêperie. »

Bien sûr, comme les années précédentes, là où ça gigote le plus, dans les mégots et les pots de yaourt. Je hais ces plages bêtes, aussi bêtes que plates, tout est moche ici. Moi, j'aimais bien les rochers et la mer en hiver; très beau, l'Océan sous le froid, gris et blanc comme une fourrure.

« D'accord, je vous suis. »

Pas la peine de se faire du souci : dès que j'ai disparu de leur champ de vision, ils m'oublient instantanément. Je m'en suis aperçu au fait que, lorsque j'arrive, ils sont toujours très étonnés de me voir, leurs yeux s'écarquillent vaguement et je lis leurs pensées sur leur front; il est écrit : « Ah! oui... Tiens..., au fait, on l'avait oublié, celui-là... »

Voilà, j'y suis, la toile n'est qu'un faible rempart sur le monde extérieur, mais c'est mieux que rien. Les voisins sont à la plage, Dieu merci, le pire viendra avec les sept, huit heures, chacun rentre, et commencent les fraternisations, les échanges de paquets de poudre à laver, les types qui jouent à la pétanque. L'année dernière, c'était affreux, on était près des Robenot. Epouvantables, les Robenot! Simone et la Robenot commentaient leurs lectures jusqu'à dix heures du soir, et lui qui m'a parlé d'assurance-auto pendant tout un mois; il voulait me traîner à des parties de pêche, j'ai dû accepter par politesse, je me suis retrouvé avec douze costauds rigolards à

26

casquette à carreaux, maillot de corps à trous-trous, short, socquettes et sandales; je n'ai rien pris, à la fin je leur passais l'épuisette; j'ai fait le grouillot pour qu'ils me foutent la paix. Ils avaient des bides gras, du poil par touffes sur les épaules et plein d'idées définitives; il y en avait un qui faisait « cric-crac » sans arrêt. Il disait : « Avec moi, ça ne traînerait pas, je te prendrais tous ces mecs-là et cric-crac. »

Il avait une solution à tout, ce con-là, il faisait « cric-crac » et ça y était. Je me suis senti près des jeunes à ce moment-là. Ça n'a pas duré, parce que Sylvestre est arrivé et il a aussitôt fait copain avec eux. Je m'en souviendrai, des Robenot. On s'invitait tous les soirs, chacun son tour, pour l'apéritif. Ça lui permettait de m'expliquer les assurances.

Quinze ans que j'y travaille dans les assurances. J'ai tenté de lui insinuer que je commençais à connaître un peu, que cela n'avait plus pour moi tellement de charme ni de mystère, mais ça ne l'a pas arrêté. Une faculté incroyable pour ne pas entendre! Il faut dire que j'élève si peu la voix...

J'aurais dû lui dire à Robenot, à Marcel Robe-not, un soir j'aurais dû poser mon verre sur le formica, me lever et : « J'en ai marre, Marcel, ferme-la. » Je me serais rassis, digne, vainqueur, admirable. Au lieu de cela, je faisais semblant de m'intéresser, je m'épuisais en semi-exclamations : « Ah! bon? Tiens! ça alors! Ah! vraiment? » Je suis même allé jusqu'à lui poser des questions dont je connaissais la réponse, on ne fait pas plus lâche que moi; et, pendant ce temps-là, Colette Robenot racontait à Simone *La Détresse de l'amour* sans sauter une réplique. Sylvestre fai-sait des tractions et l'autre se dandinait en bikini devant des lascars exorbités aux pubertés explosi-ves. Un beau mois d'août. Il ne manquait plus que la télévision. Je comprends Louis parfois; au moins, il est parti.

Ça lui était plus facile qu'à moi, mais enfin il l'a fait.

Sur les photos du lycée, je suis facile à repérer, je suis celui qui est le plus flou. C'est un signe, cela, tout de même; je ne bouge pas plus que les autres, on est tous là coincés, serrés; eh bien, il n'y a rien à faire, les autres sont nets, moi je suis flou. J'ai en général en plus les yeux fermés : je dois battre trop vite des paupières.

Et surtout cette foutue manie de ne jamais m'oublier, de me demander quel spectacle j'offre aux autres que je méprise. Devant le peloton d'exécution, j'offrirais mon meilleur profil et mes excuses de les faire se lever si tôt...

Comment ai-je pu épouser Simone? C'est un départ, cela aussi; il faudra bien qu'un jour je me l'explique ou que...

« C'est à vous, ça ? »

Un petit monsieur à cinquantaine sèche, style pète-sec, me tend le marteau que j'ai perdu.

« Ne le laissez pas traîner, avec le sable tout s'enterre ici. Vous êtes de Paris ?

— Oui, je...

— Nous, on vient de La Garenne. Vous devriez mettre des cartons sur vos roues, sinon ça brûle la gomme.

— Oui, c'est mon fils qui...

— On est la tente à côté, on est là jusqu'à la fin du mois. »

Je le regarde : il a l'air aussi consterné que moi, il est tellement évident que nous nous sommes déjà tout dit que tout ce temps à passer ensemble nous donne le vertige. C'est sans doute un brave type, mais, lorsque je pense que je vais avoir sa petite moustache en brosse et son béret basque dans mon champ de vision au long des jours à venir, je me demande si je ne préférerais pas les Robenot.

Ça aussi, c'est un autre trait de mon caractère, toute nouveauté égale danger; je le regretterai peut-être, ce vieux mec, dans un mois.

Il me salue et part en furetant entre les tentes comme s'il cherchait des élèves en train de fumer en douce. Qu'est-ce qu'il fait, celui-là? Un prof, sans doute. Il n'a pas l'air assez malheureux pour que je fraternise. Il est à l'aise, lui, dans le bagne, sûrement un vieux routier du camping, engeance redoutable : pastis, pétanque, pêche au lancer et Simca 1300; je connais le programme.

En tout cas, c'est fini pour les méditations, je n'ai plus qu'à m'équiper joyeusement et les rejoindre. Enfilade du premier maillot de bain. J'ai l'approximative couleur de l'endive de saison. Bien sûr, je vais me tailler ma part de ricanements au milieu des foules hâlées. Je me demande comment les gens font, à croire qu'ils sont hâlés en permanence, qu'ils passent leur vie dans des solariums tandis que je pâlis sur les contrats d'assurance. Ou alors il ne pleut que sur le XVIIIe, ensoleillement maximum sur le reste de la France.

Je sens que mes fesses ont molli depuis l'année dernière. Il est vrai que j'ai vécu un an assis dessus. Pas le moindre exercice physique, évidemment; j'ai tenté de m'installer un soir sur le cyclo-rameur de Sylvestre et j'ai ramené les manches vers moi : et *dzoing* ! je suis parti comme une flèche droit dans le mur. Ces engins sont d'une brutalité sans égale. Les hanches optent pour un léger arrondi également. Je suis maigre de partout, sauf des hanches et des fesses. Encore un signe de chance; le seul endroit où je ne devrais pas avoir de graisse est celui dans lequel elle se trouve.

C'est fou ce que je peux me sentir nu lorsque je suis à poil. J'envie l'insouciance des générations sportives qui avancent de la même façon avec ou sans vêtement. Il suffit que je n'aie plus mon slip pour avoir l'air de marcher sur des œufs. Côté soleil, je n'ai aucun problème : les autres bronzent, moi je rougis d'abord et je pèle ensuite, la chose se produit alternativement trois ou quatre fois pendant le mois; je repars en général de la même couleur que celle que j'avais à l'arrivée.

Cette bizarrerie a fait longtemps la stupéfaction de mes collègues de bureau, ils s'y sont habitués depuis. Eh bien, voilà Friquet à la plage. Maman m'appelait Friquet. Friquet à la plage. Un bon titre pour une bande dessinée comique réservée aux enfants jusqu'à six ans. De quoi faire pleurer de rire nos chers tout-petits.

Le ciel est blanc comme une plaque de métal et les ondulations du sable ressemblent à la levée de la pâte d'un gigantesque gâteau sur le gril du soleil.

Bon sang, j'y suis cette fois et jusqu'au cou; des vagues d'huile solaire flottent sur les corps luisants et parallèles. La mer est haute. Il y a la queue aux gaufres et aux pédalos, comme d'habitude. Les voilà. Sylvestre tient la place de deux. Je les ai repérés au son, Monique a sa radio. Les yeux me brûlent dans l'enfer du soleil.

C'est trop rapide : ce matin, j'étais un monsieur habillé et à l'ombre d'une ville; à présent, je suis un monsieur tout nu en pleins rayons exposé. Il faudrait une transition.

« Mets de l'huile. Tu vas encore peler.

— Tu sais bien que, de toute façon... »

Simone n'insiste pas, il y a beau temps qu'elle ne croit plus aux miracles — surtout en ce qui me concerne.

Je m'accroupis sur la rabane. Je sens que ça me chauffe déjà dans le dos.

« Tu te baignes ?

— J'attends encore un petit peu. »

Toujours ça de gagné. J'aime la mer, mais j'aime bien aussi ne pas avoir à zigzaguer entre des crawleurs endiablés qui m'éclaboussent, des nourrissons brailleurs cerclés de bouées, des grand-mères insubmersibles et des canoës gonflables.

A quelques mètres, un petit gros à bide apparent trottine, balle au pied, se feinte lui-même, descend encore et, à cinq mètres des buts gardés par sa femme, décoche un tir tendu. Je vois son visage s'illuminer.

« Quatre à zéro », dit-il.

Elle n'a pas bougé. Elle doit faire quatre-vingt-dix kilos pour un mètre cinquante, et ses pieds sont fichés dans le sable. Du pouce, elle désigne le ballon qui roule derrière elle.

« Ça commence à suffire, va l' chercher. »

Il court vers sa baballe comme s'il y avait cent mille spectateurs debout dans les tribunes en train de l'acclamer; heureux, le pépé, il est Pelé plus Beckenbauer en même temps. Il a tout oublié de la mer et des baigneurs, il joue la finale de la Coupe du Monde et il n'arrête pas de la gagner, il ruisselle tandis que son gardien de but se masse la gélatine.

Le revoilà. Il descend le long de la touche, se fait une passe, évite un adversaire, deux adversaires, nouvelle feinte, il s'approche encore, il est à trois mètres du but.

« Pas si près », dit le goal.

A deux mètres, il décoche un shoot qui soulève une tonne de sable.

La femme croise les bras, fronce le sourcil et le fixe d'un sale œil. Il chantonne :

« Cinq à zéro. »

Elle ne répond rien mais quitte le terrain à pas lourds, vaincue. Cinq buts dans la cage, le score est sévère. Lui joue toujours là-bas. Je l'admire, au fond, il suffit d'un ballon, d'un rond, du cuir sur du vide, et il se remplit le rêve avec, cent mille personnes qui jubilent grâce à cent grammes de caoutchouc. Les grands rêves des petits hommes.

« Alors, tu te baignes ou non ? »

Je me secoue. Ça y est, j'ai bloqué le premier coup de soleil, je vais dormir sur le ventre pendant un bout de temps.

Il y a moins de monde à présent. Les cris s'estompent.

Glacée. On a beau se dire que ça fait toujours cet effet-là la première fois, ce n'est pas ça qui rend la chose plus agréable.

Jusqu'aux genoux, ça va à peu près... C'est là que je regrette le XVIIIe, le calme des avenues, mes squares dans le battement des pigeons au-dessus des statues vertes.

Merde, la colonie.

C'est le rush : cent cinquante bolides giclent comme un seul homme droit sur moi; ils pourraient aller ailleurs quand même, ils...

Flaoutch.

Je cherche l'air, l'Océan mousse, battu en neige par trois cents bras; trempé des pieds à la tête, éclaboussé, chaque goutte, comme un clou glacé, me perce la peau, souffrance atroce; et ces petits cons qui s'esclaffent, s'ébattent; tant qu'à faire, il vaut mieux y aller.

Cercle de glace autour du cou, j'ai toujours le spectre de la congestion et de la crampe qui ne me quitte pas. Je nage pour échapper au raz de marée dans un style très particulier : je fais le crawl avec la moitié supérieure du corps tandis que l'inférieure pratique la brasse. J'ai appris à nager tout seul au lendemain de la Libération entre le gazomètre d'Ivry-sur-Seine et l'écluse d'Alfortville; il m'en reste un style totalement abâtardi que je n'ai jamais pu redresser. Aujourd'hui, on apprend dans les écoles; le résultat est que les jeunes nagent le crawl et la brasse séparés, ce que je n'ai jamais su faire. Voilà un grand progrès.

Je n'ai plus pied, la horde marine est derrière moi. Les yeux me piquent. J'ai déjà froid, je glaglate, je glougloute, comment peut-il faire si chaud dehors et si froid dedans?

C'est tout trouble. Je me demande s'il y a autant de goudron que l'année dernière.

Toujours cette foutue impression que quelque chose me frôle : méduse géante ou aileron de requin. J'ai le souvenir d'une panique furibonde provoquée par dix centimètres d'algues entortillées autour du mollet. Ça y est, j'ai du sable dans le slip. Seigneur, ce que je suis blanc! Le corps comme une faïence molle. Le vrai lavabo. Je sors. J'avais un prof de gym qui nous balançait dans la piscine en hurlant : « L'eau est une amie. » Encore une joyeuse plaisanterie. Grelotti-Grelotta-Grelottons.

Si je filais tout droit, ce serait l'Amérique.

Incroyable, le nombre de pensées d'une rare stupidité qui me viennent dès que je suis dans l'eau. Voilà Simone flottant sur son matelas pneumatique. On dirait un œuf à la neige dérivant sur sa crème.

« Tu sors déjà?
— Je la trouve un peu fraîche. »

Pas de réponse. Je me demande si nous avons échangé des répliques de plus de dix syllabes en vingt-six ans de mariage. Bon sang, que j'ai froid! Et les serviettes sont déjà mouillées.

Monique, appuyée sur les coudes, remue de l'orteil un paquet de Gitanes vide. J'ai froid.

Pas question de changer de maillot sous l'aléatoire abri d'une serviette-éponge. Il y a de quoi crever cent fois d'angoisse, vu la somme de dangers que cela représente : glissement brutal du paravent, coup de vent subit, ricanements de la foule qui, peu à peu, s'amasse, chute provoquée par des tortillements répétés... Je préfère garder les fesses au frais. Ce qui d'ailleurs provoque la colique. Un coup de soleil et une colique. Un bon début ! Si j'ajoute à ça le sévère voisin à béret basque, on peut dire que ça démarre encore mieux que les autres années... Et toujours cette idée que je n'ai rien à faire parmi eux, que ce n'est pas ici que je devrais être, qu'il y a eu, quelque part, une erreur dans la programmation. Une voix divine va éclater : « Hep ! vous, là-bas, qu'est-ce que vous faites sur un terrain de camping ? Voulez-vous sortir immédiatement ! vous n'êtes pas fait pour cela... »

L'idéal serait de savoir pour quoi je suis fait et où je dois être.

Je claque des dents. Il faudrait que je coure un peu, mais il me faudrait sauter comme un cabri par-dessus les corps...

« Je rentre me changer. »

Monique ne répond pas ; un coup de tête ennuyé qui a une double signification : il indique qu'elle m'a entendu et qu'elle s'en fout au-delà de toute expression.

Je ramasse mes hardes en tremblotant : des vraies castagnettes... J'ai beau serrer les mâchoires, ça cliquette...

Je trottine dans le sentier ; des jeunots à Mobylette roucoulent avec des Parisiennes à maillot en solde et je passe au milieu des couples. Jamais eu autant l'impression d'être un vieux comique... Je ne les connais pas pourtant, je devrais m'en foutre. Une des nénettes est prise d'un fou rire et s'étouffe dans son cornet vanille-framboise. J'accélère. Il y a de vieux pneus par ici, des emballages-carton dans les orties, c'est la décharge. Quand le vent va souffler de l'est, on va déguster. Ça m'est égal; de toute façon je déguste toujours.

Voici la tente. Je retire mon slip : c'est une chose fripée, sableuse, glaciale et pitoyable que j'expédie du gros orteil à l'extrémité de la tente.

Ouf. Ça va mieux.

Je m'étire le cul à l'air dans mon abri de toile, tout peinard.

Pour accélérer la circulation, j'esquisse quelques pas de tango argentin entre les lits de camp, ta la tsing tsing tsing, la *Cumparsita*...

« Y a quelqu'un au 142 ? »

Crise cardiaque. Je l'évite au millimètre, rebondis deux fois et file en vol plané vers mon jean en couinant d'une voix flûtée :

« Voui, on arrive. »

On tripote à la fermeture Eclair de la porte tandis que je casse celle de mon pantalon en tentant d'extraire mes deux cuisses enfoncées dans la même jambe.

« Voilà, voilà... »

Je surgis, affolé. C'est le gardien avec un jeune homme à mèche et à petite sacoche.

« Jean-François Varnier ? Télégramme. »

Je dis « merci », cherche frénétiquement de la monnaie que je sais parfaitement ne pas avoir; tous deux s'éloignent, mécontents.

Un télégramme. Pour moi. Ça ne s'est jamais vu. C'est une erreur : il ne m'arrive jamais rien.

Je déchire : *Suis Hôtel-Dieu. Viens. Louis.*

Là-haut, des mouettes planent, immobiles, fixées au bleu par d'invisibles punaises.

Mes mains tremblent et l'idée vient, toute

minuscule du fond de l'horizon; elle avance vers moi, grandit, grandit encore. Je n'ose l'examiner de peur qu'elle n'éclate, balle encore fragile et imprécise...

Le rêve, le rêve fou de ce matin : seul dans Paris, pas rasé, en pyjama, la liberté, le traîne-savate, mon vieux square, eh bien, c'est là soudain avec ce papier bleu; oui, je l'avoue et pardon pour le crime, mais ce que je vois dans le rectangle de papier, ce n'est pas mon fils sur un lit d'hôpital, c'est moi dans les rues vides, les mains aux poches, déambulant, béat...

Mon Dieu, d'où viennent ces larmes qui dégoulinent, vieux tuyau crevé, vieux crétin qui soudain espère..., espère quoi ? Trois jours dans Paris, quatre à tout casser, quatre, je vous en prie, Seigneur, faites que je parte, dès ce soir !

III

La nuit glisse le long de ma main droite, tiède et sèche comme un fruit.

Ce sont des villages là-bas, tapis dans les arbres.

Aucun bruit, sinon le vent et les pneus qui se décollent sans cesse de l'asphalte.

Je suis bien. Un sourire me voltige sur la bouche depuis le départ. J'aime savoir que je vais traverser la nuit jusqu'au matin, doucement, un poignard amoureux forant en elle jusqu'à ce que j'atteigne la première ouverture sur le jour... Si je calcule bien, l'aurore montera sur les toits de la ville lorsque je pénétrerai dans les rues encore mortes.

Je suis bien. Seul dans la voiture, seul sur la route, seul au monde, et il est bon de sentir le sourire vous venir sans avoir à forcer. Voici des millénaires que je n'avais pas senti l'herbe. J'aime conduire, le volant dans ma main vibre à peine, la lueur du tableau de bord me rappelle celle des veilleuses d'autrefois. Enfant, j'ai dormi longtemps avec une lampe éclairée, tamisée par un journal.

L'air tourne, parfumé.

Sylvestre a râlé : « Ce con, avec ses déprimes ! Juste le jour des vacances ! »

J'ai dit timidement qu'on ne choisissait pas... La dernière carte venait de Calcutta, il était parti fin juin avec des copains, en charter... C'est peut-être plus grave que d'habitude.

Monique a dit qu'il valait mieux qu'il soit à Paris, qu'il serait mieux soigné de toute façon que chez les hindous et que c'était pas marrant de bosser toute l'année, et si on pouvait plus profiter du soleil tranquille... Elle ne s'en payait pas des voyages, elle !...

« Et ici, dit Simone, c'est pas un voyage ?...

— En camping, tu parles, t'appelles ça un voyage, toi ?

— Et si c'est pas un voyage, comment t'appelles ça alors, toi ?

— Un voyage, c'est plus loin, c'est... C'est à l'étranger d'abord et...

— Quel con ! dit Sylvestre, qu'est-ce qu'on va y changer si on y va ? »

Il y a eu le silence. Mon Dieu, ce que nous ne nous aimons pas. J'ai joué mon va-tout, la barre entre les sourcils, l'homme préoccupé, calme et résolu, prêt au grand sacrifice :

« Il faut que quelqu'un y aille, il doit y avoir des formalités à remplir. »

Ça, c'était bien calculé, parce que les formalités, on sait que c'est mon rayon.

Ils m'ont regardé et j'ai compris que j'avais gagné. Ils me fixaient comme si j'étais déjà là-bas. Je pouvais lire dans leurs petits crânes : « Tiens, au fait, oui, s'il y en a un qui doit y aller, autant que ce soit lui que moi. »

« C'est embêtant, a dit faiblement Simone, tu viens à peine d'arriver. »

J'ai balayé l'argument d'un geste de seigneur.

« Restez là, je repars et reviens le plus vite possible. »

Je ne sais où je suis, voici des heures que je n'ai pas croisé une voiture : tout dort sauf moi. Voici la plus belle nuit de ma vie.

Il a dû se payer son habituelle dysenterie amibienne ou une autre saloperie et foncer à l'hôpital; comme il ne doit pas avoir un rond et qu'en ces cas-là les copains se débinent, on klaxonne la famille. Tu as bien fait, fiston, remarquable idée; j'irai plus loin dans l'ignominie : bénie soit ta dysenterie amibienne, elle m'arrache au marasme des camps de bord de mer.

Trois poids lourds à la file, je double, folâtre et, guilleret, je chante à tue-tête; ça y est, je meugle à pleine voix, les trompettes d'*Aïda*, le grand air de Radamès, le ténor, je hurle à l'italienne « O céleste Aïda »; attention au contre-*ut*, ça monte, ça grimpe, ça s'arrache, j'en trépigne, je m'en cramponne au volant, j'en ai la glotte qui tremble, les cordes qui claquent :

« *Digne des diiiiiiieux!* »

Abominable, le vrai canard égorgé, j'en ris tout seul, je m'en étouffe, je boxe le cendrier, merde! par terre! Sur la moquette, la tête à Sylvestre qui bichonne tant « ma » voiture! Sylvestre le baraqué, le tout-en-muscle... J'ai un fils tout en muscle, moi tout en os.

La nuit est douce. Je m'y baigne. Il n'y a plus de cris, plus de vacarme, tout est resté là-bas, très loin; je retrouve les eaux du silence, un parfum d'autrefois. Je suis si seul que l'eau m'en vient à la bouche. Je suis avec moi avec gourmandise; derrière sont les vieux pneus, la décharge, les bérets basques, les duralumins, le formica, les matelas pneumatiques et les hit-parades, ils ont disparu depuis de bien belles lurettes.

On dirait une lueur là-bas, comme une faiblesse

des ténèbres, c'est l'est peut-être..., l'horizon. Il fera frais tout à l'heure et je remonterai la glace, ce sera cet instant frisquet qui présage l'aube, le moment où, au long des quais de la Seine, les vagabonds frissonnent et s'enfoncent davantage dans les hardes râpées. Je m'y baladerai aussi, il y a longtemps que je ne me suis plus trimbalé par là, vers Notre-Dame, les îles, les ponts... J'y ai habité autrefois, derrière une église qui sonnait même les quarts d'heure; c'était avant Simone, c'était avant que le monde s'épaississe et m'emprisonne dans un cachot dont je ne sors que ce soir, que cette nuit.

Je pourrais conduire ainsi des centaines d'années; il y a quelques heures à peine, un être lamentable et fiévreux roulait en sens inverse vers un pays sans avenir, et voici le même, splendide et libéré, cravachant vers la capitale, après avoir largué ses chaînes. Liberté, liberté chérie...

Je me demande quand même ce qu'il arrive à Louis. Qu'il n'ait plus un sou, c'est évident, mais d'ordinaire il est moins tapageur, ses dépressions sont assez discrètes, il faut bien lui rendre cette justice. De toute façon, elles passent inaperçues dans la mesure où sa vie entière est elle-même une dépression. Un peu plus ou un peu moins, cela ne fait pas tellement de différence. Disons que lorsqu'il a sauté une dizaine de repas sans cesser de regarder la moulure du plafond pendant une semaine on peut penser qu'il est un peu plus flagada que d'habitude. Qu'est-ce qui a bien pu lui arriver cette fois-ci ? Les Indes. Ça lui a pris tôt, à celui-là; il y va comme je prends le métro. J'ai l'impression que, pour Calcutta, il suffit de changer à Montparnasse et de prendre direction Porte de la Chapelle.

Des étoiles plein le pare-brise. Je roule dans la Voie lactée. Je suis une étoile lancée, Varnier le météore... J'illumine l'espace de mes phares ardents.

Chartres.

Chartres déjà; les lettres se sont découpées, nettes dans la lumière...

Et si je m'arrêtais?

Idée d'une audace folle qui me renverse davantage contre le dossier. Oserai-je?

Chaque année, à l'aller comme au retour, j'ai toujours eu cette envie, de plus en plus faible d'ailleurs, érodée par les ans, de stopper là et de me balader dans la cathédrale.

Jamais pu, évidemment, cela aurait fait baisser la moyenne, ou on serait arrivés en plein bouchon à Nogent-le-Rotrou; bref, cent fois j'ai passé et repassé à Chartres.

J'en ai rêvassé ce matin encore. Bien sûr, ce n'était même plus une envie dans la mesure où je la savais totalement irréalisable et...

Tiens, je la vois, noire sur le ciel bleu marine... Qu'est-ce que je fais?

Ça y est. J'ai braqué.

Je l'ai fait; d'ailleurs, ça s'est fait tout seul, j'en jubile, j'en rigole. C'est l'escapade, le joyeux célibataire en goguette va voir la cathédrale de Chartres de près. Chacun ses Folies-Bergère.

Trente à l'heure pour déguster mieux encore. Il est quatre heures du matin.

C'est peu de dire que les rues sont vides, il est impensable qu'elles aient pu jamais être animées. Minérales, tout est si dense, si lourd que je ne puis croire que des êtres dorment derrière ces volets. Voici une ville fantôme. Je suis le seul à faire du bruit avec mon moteur intempestif; je roule à peine pourtant, sur la pointe des pneus, pour ne pas rompre le charme. « Cathédrale », c'est fléché; des murs tournent dans les phares, les pierres sont douces ici, beurrées par les tartines du temps.

Qu'est-ce que dirait Simone? Et tous les autres s'ils me voyaient?

Ne riez pas de moi, c'est ma buissonnière, mon évasion, je fais l'école bleue, c'est la belle, j'y ai droit, merde! Je me balade en sourdine dans la nuit qui s'achève, la nuit de la cathédrale.

La voilà.

J'ai coupé le moteur et j'ai eu l'impression que commençaient ici les pays du silence.

Je descends.

Elle est au-dessus, gigantesque. Cela me fait presque un malaise, une sorte d'effroi. Qu'est-ce que tu fous là, Friquet? Tu ne crois ni en Dieu ni en rien, tu ne vis pour personne, tu n'es pas heureux et te voilà planté, cette nuit, tout seul devant la grande église, grand imbécile tout ravi de quatre jours de permission. Qu'est-ce que tu es venu chercher là devant cette masse sombre qui t'écrase? Je suis un peu endolori et je m'étire pour chasser les ankyloses autant que les frayeurs.

Elle est fermée à cette heure, mais je suis heureux d'être là. Cela ne dépendait que de moi seul et j'y suis arrivé. Enfin.

Je lève la tête. Salut, cathédrale. Il était bon cette nuit de te rencontrer, il y avait si longtemps que je n'avais fait quelque chose qui me plaise!

Le jour ne va plus tarder à présent, ce doit être joli sur les tours. Peut-être vais-je attendre qu'elle s'éveille, pierre à pierre, statue par statue; le soleil montera sur les colonnes, je partirai lorsqu'il atteindra les chapiteaux, tout sera éclairé alors comme un théâtre...

J'ai regagné la voiture. Il y fait bon. Peut-être les portes vont-elles bientôt s'ouvrir pour la première messe; j'aimerais me balader le long des chapelles... Ce sont des lieux qui me conviennent, retenus et parfumés à l'éternité.

Je n'ai d'amour pour personne. Je n'ai pas d'amis. Martenot peut-être..., et encore, tout juste un peu plus que ce qu'on appelle un collègue de bureau... Une femme, trois gosses et pas d'amour; bravo, un beau bilan! Moi qui fais si bon père, bon époux, le vrai désastre.

Secoue-toi, Friquet, ça ne te réussit pas, les cathédrales, trois minutes sur un parvis et te voilà en train de badigeonner des examens de conscience à la catastrophe. Un vieux réflexe d'ancien chrétien qui joue encore; cela ne doit jamais mourir, on n'y pense plus parce que la télé vous braille dessus chaque soir, parce que grincent les cyclo-rameurs et que des magazines traînent partout; et puis, dans les heures qui précèdent l'aube d'un matin pas comme les autres, tout vous retombe dessus, avec la myrrhe et l'encens.

Le moteur ronfle; c'était bon, cette halte, il est bien de se dire qu'il y eut autrefois des types qui passaient des vies à sculpter des anges et des jésus, perchés sur des échafaudages. Ce devait être plus captivant que d'établir des contrats d'assurance et de régler des litiges...

Finie, la désobéissance, Friquet, rentre dans le rang, embraie.

Le jour se lève à présent, les couleurs vont naître. Dans une demi-heure, j'éteindrai mes phares.

« ... tout cela, ajouté à une assez longue période de sous-nutrition, a entraîné une chute brutale de tension, d'où la perte de connaissance. Dans trois jours, il pourra partir, mais je vous conseille de surveiller son régime alimentaire de façon sérieuse. »

Je hoche la tête avec force, les yeux fixés sur Louis.

Je me demande ce qu'il en resterait si on coupait la barbe. Incroyable ce que ces lieux et ces gens peuvent m'intimider. J'ai toujours peur de faire tomber quelque chose, de débrancher un tuyau, ce qui causerait la mort de cinquante malades.

Le chariot part en cliquetant et le médecin le suit, comme lié à lui par une ficelle invisible.

Louis s'appuie sur les oreillers, regarde sa compote de pommes d'un air morne et se frotte l'arête nasale avec le dos de sa petite cuillère.

J'ai un intense sentiment de culpabilité vis-à-vis des infirmières. Elles sont sévères ici et la dernière m'a regardé d'un sale œil. C'est mon fils, évidemment; l'éducation que je lui ai fournie n'a pas dû être tellement brillante pour qu'il soit là en ce moment. Finalement, c'est moi qui l'y ai mis, d'une certaine façon. Rare qu'une tuile ne me retombe pas sur la tête.

Je toussote. Il se gratte la joue.

« T'es revenu tout seul ?

— Oui. »

Il toussote également.

« Je les ai laissés là-bas. En camping. Tu te sens mieux ? »

Il acquiesce d'un mouvement de tête, l'air préoccupé. Je sens qu'il a quelque chose à me dire. Il y a autre chose de plus sérieux que son petit vertige qui lui a valu son hospitalisation.

Pas grand-chose à quoi raccrocher son regard dans une chambre d'hosto. Le lit est nickelé, les murs gris laqués reflètent la fenêtre qui ouvre sur les cuisines. Je sens que je m'ennuie déjà. Je ne peux pas dire que j'ai vécu pour mes enfants, je ne suis même pas arrivé à vivre pour moi-même.

« Tu veux que je t'apporte quelque chose de la maison ? »

Il fait signe que non, trempe sa cuillère et trace des hiéroglyphes sur la surface de la compote. Arrivée d'une fille en bleu, l'œil globuleux et la moustache hérissée : elle pousse un autre chariot. C'est une manie.

« Terminé ? »

Louis montre son assiette encore pleine. La fille soupire et disparaît dans un tintamarre de couverts entrechoqués. Je suis toujours nerveux dans ces endroits-là, car tout le personnel féminin donne l'impression d'être totalement nu sous des blouses de fin tissu qui va craquer d'une seconde à l'autre, et le problème pour moi est de m'enfuir avant que ce phénomène inéluctable se produise.

Sur la surface de la purée, les dessins s'entre-croisent.

« Je vais me marier », dit Louis.

Incroyable ce que ces types, en dessous, peuvent remuer de marmites...

« Pardon ?

— Je vais me marier. »

Mes enfants ne m'ont jamais fait de grandes surprises, surtout depuis qu'ils sont grands. Sylvestre surtout est l'être le plus prévisible de la terre. Si un jour il épouse quelque chose, ce sera sans doute une paire d'haltères, à moins qu'il ne rencontre l'une de ces musculeuses créatures qui hantent les gymnases et arpentent les cendrées en foulées souples. Dans ce cas-là, nous serons prévenus longtemps à l'avance, pas la peine de s'en faire, tout sera réglé au quart de poil, du hors-d'œuvre du repas de fiançailles jusqu'à la pièce montée du mariage. C'est la même chose pour Monique. Louis est moins cernable, mais, étant donné son style de vie, ses voyages, son bouddhisme et ses convictions, il y a de quoi en rester comme deux ronds de flan.

« Ah ! bon... Très bien. »

Evidemment, c'est un peu sommaire comme réponse ; il va peut-être croire que ça ne m'intéresse pas et il faut que j'ajoute quelque chose, mais je me demande bien quoi.

« Et, euh... que fait-elle dans la vie ? »

Question idiote s'il en est. Je me doute que ce n'est pas la fille de Rockefeller, ce qui est bien dommage d'ailleurs. Je vois parfaitement le genre de mignonne, il en a ramené une ou deux comme ça à la maison entre deux aller-retour Bangkok ou Katmandou : des filles avec des colliers cliquetants, des cheveux qui pendouillent, des jeans à trous et des yeux glauques, le mi-chemin entre la joueuse de flûte et la serpillière douteuse. Cela nous promet de beaux jours.

Soucieux, Louis se gratte la tignasse, faisant voler des milliers de pellicules. Il a une bague à chaque doigt.

« Il y a un problème », dit-il.

J'en étais sûr. Elle est enceinte et ils n'ont pas de logement, évidemment. Comme nous sommes à peine cinq dans un quatre-pièces, faudra être sept ; à moi les heures supplémentaires pour payer les blédines et autres bouillies nauséabondes.

Je dois avoir l'air navré, car il ajoute :

« Elle est indienne. »

Et voilà le plus beau. Je suis un homme béni des dieux, mes enfants me facilitent l'existence ; elle ira faire le marché rue Damrémont avec le sari, le henné, les babouches, les tatouages, en contournant les vaches sacrées, quoi de plus simple ! En rentrant au cinquième, elle se baignera dans le Gange.

« Eh bien, c'est... Enfin, je suppose que tu as réfléchi et que, euh... »

Il faudrait que je cesse de dire « euh » sans arrêt et de bafouiller comme ça. Il vaudrait peut-être mieux que j'exprime de l'enthousiasme.

« Très bien, dis-je, très bien, et tu iras vivre là-bas ou bien... »

Il dodeline, avale trois cuillerées de sa mixture et se renfonce dans les oreillers.

« Je vais dormir, dit-il; tu peux revenir demain ? »

Je saute sur mes pieds.

« Bien sûr, et après-demain et encore après, et tous les jours tant que tu seras... »

Et jusqu'au 31 août si c'est nécessaire.

« Remplume-toi, dis-je; qu'est-ce que je t'apporte ? »

Il a l'air de suivre une idée lointaine et ne m'écoute pas. Je me lève et file sur la pointe des pieds. Arrivé à la porte, je me retourne : dormir va lui faire du bien, ils ont dû lui donner des cachets.

« On en reparlera demain, dit-il, mais il faudrait que tu y fasses un saut.

— Où ça ? »

Il a vraiment l'air de plus en plus vaseux.

« Aux Indes », articule-t-il lentement.

IV

Je sais qu'objectivement ce vin cuit est abominable, mais c'est plus fort que moi, c'est celui que je préfère. Il s'appelle Kelrégal. On peut dire qu'ils n'ont pas oublié d'y mettre du sucre, mais j'adore ça.

Engoncé dans mes coussins à regarder sans le voir le western du soir, j'ai coupé le son et, bien à plat sur la moquette, je sirote en poivrot, à petites gorgées goulues, en direct au goulot. Ça économise un verre.

Il fait doux : par la fenêtre la rue dégringole vers les néons et les cars d'Américains. Ici, c'est la campagne en mieux, les marronniers de la cour montent jusqu'aux fenêtres. Soirée de l'été, c'est le silence. Exactement comme je l'avais rêvé. Encore un petit coup.

Quelle journée... J'ai dormi sur un banc dans mon square; il y avait des petits vieux en face qui belotaient dur et trois gosses à morve permanente qui doivent passer les vacances dans les bacs à sable de l'arrondissement. Cela m'a fait du bien... Je suis descendu après à petits pas par des rues que j'avais toujours eu envie de prendre, j'ai flâné, les deux mains dans les poches jusqu'à ce que les talons me cuisent... Si j'étais organisé, je

48

ferais un planning pour les jours à venir : les musées que je n'ai pas vus, les coins que je voudrais connaître, vers le XIVᵉ, après Montparnasse... Mais j'ai le temps, ce n'est pas demain que je reprends le chemin de l'enfer; savoure, mon gaillard, savoure, ça y est, tu es seul, tu es bien, tu picoles; j'ai la tête un peu brouillée, le sommeil qui me monte malgré ma sieste sur le banc, le paradis... C'est presque bête de dormir tant je déguste.

Les Indes. Plus atteint que je ne le croyais, le fiston. Qu'est-ce que c'était, sa formule, déjà : « Tu devrais y faire un saut. » Un saut. Aux Indes. Charmante formule. Rien n'est plus simple.

Vers les cinq heures, comme j'accusais la fatigue, je me suis effondré dans un cinéma, près de la porte de Clignancourt. J'étais seul avec l'ouvreuse, seul matelot à bord du navire. Je me suis étalé, et vogue la galère. J'ai eu droit à trois Mickeys à la file et un truc extrêmement emmerdant sur les châteaux de la Loire. Je n'ai jamais vu les châteaux de la Loire, et j'espère bien que ça ne m'arrivera jamais, tant les documentaires m'en auront dégoûté. C'est rare que je leur échappe. Il suffit que je pose les fesses dans un ciné pour qu'il y ait Chambord ou Chenonceaux qui se déroulent sur l'écran. Si ça n'arrivait pas, ça me manquerait...

Ce que c'est bon, le Kelrégal ! Je l'ai acheté au bas de la rue, une épicerie où Simone ne va jamais, car elle dit que c'est plus cher qu'ailleurs; j'ai pris aussi de la salade de museau, une vraie folie, et quatre tranches de jambon pour être paré pour les jours à venir. Avec des biscottes et une douzaine d'œufs, je peux tenir un siège. Je me suis fait une omelette de seigneur, j'ai torché la poêle avec le jambon et voilà la vaisselle faite. Je vais avoir fini le litre. Ça revient cher comme boisson, mais la qualité y est, c'est tellement sucré qu'on a l'impression de lécher une sucette.

Après ces noms de Dieu de châteaux de la Loire, il y a eu l'entracte avec l'ouvreuse et son plateau d'esquimaux qui s'est baladée pour moi tout seul. J'étais bien. Ça doit faire drôle de passer sa vie et ses mois d'août à l'intérieur d'un cinéma avec une lampe électrique; une vie d'ouvreuse, il y a un livre à faire là-dessus. Une ouvreuse qui détesterait le cinéma et qui aurait peur du noir. Entrée à dix-huit ans, sortie à soixante-cinq. Quarante ans qu'elle essaie de faire le même tricot, mais chaque fois qu'elle va finir une rangée, crac, un client qui arrive, alors elle lâche sa maille. Une tragédie. Ouvreuse à solide éducation religieuse dans un cinéma porno. Je me fais rire tout seul, j'ai un peu forcé sur la limonade ce soir.

Bref, après l'entracte, le grand film. C'était... Marrant tout de même que, moi qui ai une mémoire infaillible, je ne sois pas fichu de me rappeler le titre du film de cet après-midi... Il y avait une histoire de main de fer ou de poigne d'acier... En résumé, c'était une petite demoiselle bien menue et parfaitement asiatique qui se retrouve héritière d'une super-forteresse moyenâgeuse, et voilà trois cent mille guerriers sauvages avec des têtes antipathiques qui escaladent les murailles, et elle qui sort avec son petit bâton de rien du tout, et ils foncent de partout à la fois, alors pif-paf elle commence à les fracasser à coups de pied et de coude, elle bondit en l'air, voltige avec des grands rasoirs qu'elle leur a piqués et elle terrasse toutes les armées, tout cela en poussant des cris aigus. J'étais ravi.

J'adore les « karatés », ça me met de belle humeur. Il n'y a pas de type plus pacifique que moi, je ne me suis jamais battu de ma vie, mais au cinéma je me défoule. Si je pouvais, j'irais tous les jours. Après, ça s'est compliqué pas mal parce que le chef des brigands n'est pas content d'avoir pris une raclée d'une gamine. Il est vexé. Ça se voit. Il a des mollets comme Sylvestre, il utilise alors la ruse et envoie une espèce de séducteur de banlieue de Hong Kong pour que la mignonne aux poings en fonte émaillée succombe aux charmes de l'amour, mais c'est lui qui succombe finalement, exactement comme dans les romans de Simone. Elle aurait aimé ça.

Je ne sais pas si c'est le Kelrégal, mais j'ai comme un creux. Je vais ramper jusqu'au frigo pour m'engouffrer une autre tranche de jambon.

Ou si je me faisais la crème du chef?

Bon Dieu, ça, c'est une idée. Je me fais la crème du chef.

Bientôt minuit, un litre de Kelrégal dans le cornet et me voilà en train de préparer la crème du chef. Ça, c'est des vacances.

Recette de la crème du chef : séparer les blancs des jaunes, sucrer les jaunes et battre les blancs; quand les blancs sont battus et les jaunes sucrés, mélanger en recouvrant de chocolat en poudre. Un délice. Certains ne supportent pas et prétendent que c'est légèrement écœurant. Ce sont des mauviettes. Le véritable karatéka est capable d'engloutir trois litres de crème du chef sans sourciller. Et puis, ce qu'il y a de bien dans la crème du chef, c'est qu'il n'y a rien à faire cuire.

A la fin, ils se battent tous entre eux, sauf la fille qui entre dans une sorte de couvent où elle n'arrête pas d'arranger des fleurs dans des vases de terre. Je pensais qu'elle allait tout casser à cause de ses pattes d'étrangleur, mais pas du tout. Elle n'est que délicatesse. Une fleur parmi les fleurs, comme diraient les romans de Simone.

Ça y est, ça monte. J'adore faire monter des œufs. Je fabrique des nuages. Je suis Dieu.

Et si je me mettais un petit disque tout doucement ? Je dois bien avoir une *Traviata* planquée quelque part... Crème du chef, Kelrégal et *Traviata* : la volupté.

La suite était plus filandreuse; un vieillard à barbiche et tremblotement vient lui annoncer que son séducteur de banlieue est prisonnier, aussitôt elle abandonne ses sécateurs et la voilà qui file à toute allure sur son cheval, mais voilà que le vieillard enlève sa barbiche et cesse de trembloter, ô surprise, c'est le séducteur, il a l'air étonné lui-même de son stratagème; visiblement, il n'a pas dû lire le scénario.

Ça y est. J'ai ma *Traviata*. Sous trois piles de Sacha Distel. Merveilleuse synchronisation : à l'instant précis où j'avale ma première bouchée de crème du chef, les premières notes montent, graciles encore dans la nuit chaude.

C'est trop.

C'est trop beau, c'est trop doux, je suis trop bien. Ça s'arrose.

Je nage dans le doux... Je vais dormir là, sur la moquette; ça m'évitera de trouver le lit qui doit être Dieu sait où...

Quelle voix ils ont, ces chanteurs d'opéra...

Dodo, Friquet.

Il a l'air d'aller bien.

Il a sans doute l'air d'aller même mieux que moi. Je ne sais si c'est l'alliance de la crème du chef avec ce pinard liquoreux, mais, au point de vue migraine, j'ai eu ma dose... Un réveil tout fripé, je n'avais plus dormi tout habillé depuis mon service militaire.

Lui a récupéré, il semble presque vivant — ce qui n'a pas dû lui arriver depuis longtemps.

« Tu as l'air en pleine forme. »

Il murmure quelque chose et me regarde.

« Tu as pensé à ce que je t'ai dit hier ? »

Sentiment immédiat de culpabilité. Entre mes balades parisiennes, mes karatés en série, mes cuites au sirop et mes tentatives culinaires, j'ai un peu oublié le mariage de mon fils, si tant est qu'il y ait mariage.

« Oui, bien sûr, toutes mes félicitations.

— Je ne te parle pas de ça. Le voyage. »

Ils ont du yaourt à la fraise pour dessert aujourd'hui. C'est une couleur écœurante, on dirait du buvard détrempé, ça stagne dans la soucoupe.

« Quel voyage ?

— Aux Indes. Il faut que tu ailles aux Indes. »

Il l'a dit hier, c'est vrai, juste en partant, juste au moment où il sombrait. J'ai pensé à un effet des barbituriques.

« Aux Indes, moi ? »

Je ris. Je pourrais aussi prendre la prochaine fusée lunaire, tant qu'à faire.

« Pour quoi faire, aux Indes ?

— Pour voir les parents et la ramener. C'est obligatoire. »

C'est obligatoire.

Je me lève lentement de mon fauteuil. Il y a quelque part quelque chose qui prend consistance, et ce quelque chose est extraordinaire, gigantesque et incroyable.

« Explique-toi. Qu'est-ce que c'est que cette histoire ? »

Louis s'adosse aux oreillers et balance :

« Cela se fait là-bas; dans les castes supérieures, le père du futur mari doit la demander et la ramener, c'est comme un rite, c'est pour pas la confier à n'importe qui. »

Je me passe la main sur le front. Du calme, Friquet, du calme, ce n'est pas encore fait. Tu es toujours là, voyons, on ne se retrouve pas à Calcutta comme ça sans s'en être rendu compte.

« Si tu m'expliquais depuis le début, je comprendrais mieux. »

Il soupire. Voilà une mimique merveilleuse et que j'admire profondément : ce type s'apprête à m'expédier à l'autre bout du monde et il n'hésite pas à me montrer que ça lui casse profondément les pieds de m'expliquer pourquoi.

De très mauvaise grâce, il commence :

« C'est pas compliqué à comprendre, j'ai rencontré une fille là-bas, une fille du pays, et sa famille est stricte, elle ne la laissera partir que si tu vas la chercher. »

Ça se resserre. Je sens que ça se resserre. Je m'imagine expliquant ça à mon propre père : « Papa, tu me rendrais bien service en allant... » Impensable. D'autant plus impensable qu'il est encore plus impensable que je sois allé aux Indes moi-même, étant donné que j'avais horreur des voyages et qu'au grand jamais...

« Mais enfin, explique-toi mieux, qu'est-ce que c'est que cette fille ? »

Il m'énerve à la fin, j'ai tout de même le droit de savoir.

« C'est une Indienne, elle a vingt-deux ans. La famille a du fric, si c'est ça qui t'intéresse. »

Toujours agréable de discuter avec lui : pas agressif du tout.

« Et... vous vous entendez bien ? »

Oui, évidemment ; c'est une remarque légèrement superflue, il ne daigne pas y répondre.

« Et où est-ce qu'ils habitent exactement ? »

Encore une belle question inutile ; je sais vaguement que l'Inde a la forme d'un triangle, qu'il y a la mousson, la famine, la démographie galopante, un mahatma Gandhi, des lanciers du Bengale, des tigres, du riz, pas assez de blé, des vaches maigres et des baigneurs tout habillés.

« Bénarès. »

Elle habite Bénarès, me voilà bien avancé.

« Ecoute, Louis, je ne vais quand même pas entreprendre un pareil voyage sans savoir exactement de quoi il retourne, quels sont vos projets, où vous en êtes, si vous envisagez vraiment de... »

Au fur et à mesure que je parle, je trouve idiot ce que je dis; cela m'arrive souvent, mais particulièrement en cet instant précis. Cette opinion semble largement partagée par mon fils.

« C'est sérieux, dit-il, vas-y. »

Je me rassois. Bon sang, ça va mal. Très mal.

La première chose à se demander, c'est ce qu'elle peut bien lui trouver. Ce garçon est une barbe, quarante kilos d'os et une barbe. C'est peut-être le fin du fin chez les Indiens...

« Il faudrait aller vite parce que... »

Je me dresse. Cette fois, j'en ai ras la casquette, je ne suis pas une marionnette.

« Laisse-moi le temps de réfléchir, tu veux ? Je suis encore libre de mes faits et gestes. »

Il paraît vaguement étonné de mon sursaut. Je n'ai jamais dû avoir avec lui le comportement d'un révolté. Ni avec personne, bien sûr.

Je prends un visage sévère et pensif.

« Je vais réfléchir, nous verrons ça demain.

— Réfléchis, dit Louis; si je ne la revois pas, je me laisse couler. »

Je le regarde. On peut dire que celui-là ne m'aura pas facilité la vie. Est-il possible qu'en cet instant mon fils soit amoureux fou ? Qu'il soit capable d'en mourir ? Comme dans les romans de Simone ?

Et sa vie repose alors dans mes mains puisque... Oh! merde, tiens.

« Laisse-toi bien soigner, je reviendrai demain.
— Tu me donneras une réponse? »

Voici longtemps que quelqu'un n'a pas eu envers moi une imploration, ce ton presque tendre...

« D'accord. »

Ouf. Vingt-quatre heures de sursis.

« Vous me mettrez aussi un moka... Oui, celui-là. Et puis le gros avec de la chantilly et... ce sera tout. »

La vendeuse a des gestes de chirurgien lorsqu'elle fait des nœuds.

« Cela nous fera vingt et un francs, monsieur. »

Pourquoi « nous »? C'est uniquement à moi que ça les fait, les vingt et un francs. Vingt et un francs de gâteaux pour un homme seul. Il y a de quoi rougir.

Je sors avec ma boîte. Elle m'a fait un nœud de ruban comme un chrysanthème de la Toussaint. Sept gâteaux pleins de crème pour moi tout seul. J'y rêvais depuis l'âge de trois ans et demi.

Je vais dévorer ça à pleines dents, j'en salive en montant les escaliers. Si je ne finis pas diabétique, ce ne sera pas ma faute. Ce mois d'août est merveilleux, tout se réalise : Paris, la solitude, les gâteaux en série, la cathédrale de Chartres, le karaté, tout y est. Et ça commence à peine.

Dire qu'en cet instant ils rôtissent en harengs saurs, allongés sur les mégots et les bidons vides! Il va falloir y retourner d'ailleurs un de ces jours. N'y pensons pas trop, mais je n'ai pas l'éternité devant moi... Le médecin m'a harponné à la sortie du service : dans deux jours, ils le virent; je les comprends, ils ne peuvent pas garder un malade

qui ne l'est pas, une légère faiblesse et...
Mmmmmmmmmmh!... Ce saint-honoré est une
œuvre d'art, un sommet, un moment de la vie...
Et j'en ai six autres derrière qui attendent... Ce
qui est atroce d'ordinaire avec les gâteaux, c'est
qu'on mange toujours le dernier. En tout cas,
chez moi, c'est comme ça; quand il y a des
gâteaux, on n'en a qu'un chacun, de sorte qu'on
n'a pas commencé à l'avaler que l'on est déjà
triste de constater qu'il n'en reste pratiquement
plus. Je répare en ce moment une vie de frustra-
tion.

Il va falloir que je lui donne une réponse
demain. Moi aux Indes. Ce gosse est cinglé. Oh!
c'est trop, oh! c'est trop bon, oh! là! oh! là, là! Ce
n'est pas un millefeuille, c'est une symphonie, un
concerto au sucre, c'est toute la douceur de l'univers...

Sans compter que ce genre de voyage coûte les
yeux de la tête en plus de la peau du dos. La
tartelette amandine est plus faible, un peu mièvre
même; il faut dire que je ne suis pas porté sur la
nougatine.

Cet après-midi, balade. Quand j'aurai fini mon
festin, je descendrai vers Montparnasse, je ferai
un peu les quais aussi...

Evidemment, j'écorne nettement le compte
en banque, mais, avec la dévaluation, autant
employer son fric à quelque chose.

Si je vais aux Indes, je ne reviendrai pas en
Vendée.

Mon moka s'est bloqué.

Mais je deviens cinglé, moi. Mais c'est pas possible, je n'envisage tout de même pas de filer sur
Bénarès en jet?

Et terminé pour le moka.

Je me demande si j'entame la religieuse ou si je
me fais un peu languir avant de replonger. Je n'ai

jamais fait de grands voyages et je suis presque vieux.

Ça ne m'empêcherait pas de vieillir d'y aller, mais enfin ce serait drôle si... Je me demande si, intérieurement, quelque part dans les fins fonds de moi-même, un énergumène n'a pas déjà décidé pour moi.

Mon empire pour une religieuse : la voilà.

Un mois sans eux. Un mois sans elle. Je n'ai pas plus tôt dit cela qu'en moi monte la grande vague des soulagements. C'est terrible, j'en suis venu jusqu'à envisager d'aller jusqu'aux Indes pour leur échapper, comme Marco Polo... Et puis c'est peut-être vrai après tout que c'est vital pour Louis, il doit l'aimer, cette fille, il l'aime certainement...

Moi, je n'aime plus personne... Simone me surprend toujours lorsque je la vois; elle accomplit chaque jour le miracle de rester en vie sans avoir en elle le moindre grain de folie. C'est en soi une performance. Mais il faut dire que le résultat est d'une tristesse et d'une platitude sans égale. Elle se maintient. C'est exactement ça. Comment va Mme Varnier ? « Elle se maintient. » Se maintenir est sans doute le contraire de vivre. Sexuellement, c'est catastrophique. C'est le contraire de cette religieuse. Ça ne fond pas. Quelque chose grippe quelque part.

C'est drôle que je ne me dise jamais ces choses-là d'ordinaire... Je les sens vaguement, je les suppose admises, mais c'est rare que je les pense aussi nettement, avec des mots, des phrases entières.

Plus que le baba.

Nous avons eu la bise terne.

Moche, cela; même au début, on n'y a guère cru, Simone et moi. On n'y a jamais cru d'ailleurs. J'ai attendu. J'ai attendu la fête. Un soir où brusquement s'ouvriraient les vannes, où quelque chose de bouclé craquerait enfin, où il y aurait un lac qui déborde, une lumière, une échappée.

Mais tout est resté clos, c'est ma faute aussi, bien entendu, surtout la mienne, on a eu l'amour crispé. Ça se voit même sur la photo de mariage : on comprend que ces deux-là ce n'est pas Roméo et Juliette. Ça n'a pas pulsé, comme on dit aujourd'hui... Résultat, on ne s'est pas fait les nuits folichonnes... Comme les jours étaient plutôt tristounets, on a été des premiers à avoir la télévision et des enfants. Ça a meublé.

Fini pour le baba aussi.

Je me sens un peu lourd. Je vais marcher. Il fait le temps qu'il faut pour cela... Je m'arrêterai à des terrasses de café. De la fenêtre, je les vois qui débordent sur les trottoirs..., des kiosques aux croisées des rues avec la marchande si enfoncée dedans qu'on ne la voit jamais.

Toutes ces rues où je ne me suis jamais promené avec Simone. Elle fatigue vite, et puis elle n'aime pas, et puis l'idée ne m'est pas venue de l'y amener. J'ai une femme avec laquelle aucune idée ne me vient. Zut, c'est le baba qui me donne cette amertume ! Après tout ce dessert, toutes ces envies enfin englouties, je ne vais quand même pas sombrer dans les mélancolies...

Les Indes. Et puis quoi encore ?

Paris à profiter. Il me reste tant de temps ! La ville est tiède comme une joue.

Voilà la rue comme un tapis déroulé. Deuxième jour.

J'ai trop longtemps associé le soleil et la nature comme si les rayons ne devaient éclater que sur la mer ou sur des montagnes. Il est là aussi en cet instant, sur la ville et sur mes mains. Il luit dans les demis panachés des demoiselles en sueur, Paris-torride.

La Concorde là-bas s'étale dans les buées, la Seine... Je m'endors sous les marronniers; comme ils sont lourds et parfumés dans ce quartier qui rissole doucement... Je ne les avais jamais vus ainsi; comme une ville l'été peut donc se couvrir d'ombres! Et nous déambulons dans les parfums jonchés...

Ils m'ont laissé la ville, la ville pour moi seul. Je vais remonter le long des rues blanches, sous l'explosion des géraniums.

Paris-torpeur. Qui aurait pu croire que tu savais aussi faire la sieste, toi que je n'avais connu que crépitant et surexcité...

Les Indes. Et puis quoi encore.

Louis sort demain. Je tirerai deux jours encore. Et ce sera la fin. Le Retour.

Le Retour.

On revient toujours à ses anciennes absences d'amour.

Les types comme moi tout au moins. La tente, les barbotements, les spaghetti du soir, mes pelades, leurs parlotes, ses haltères.

Jésus.

« Un autre demi, s'il vous plaît. »

Le garçon s'éloigne.

Je ne suis qu'un homme aux jambes molles écroulé sur une de ces chaises de fer que l'on ne sort qu'au gros de la chaleur dans les jardins publics.

Il ne s'imagine pas que je vais faire tous ses caprices? Vous m'avez bouffé la vie, gamins, et, aujourd'hui que je respire cinq minutes, il faudrait que je cavale aux antipodes?...

Rigolons...

Je reviendrai par les jardins. Les Tuileries voilées dans les poussières, le bassin aux bateaux dont les brigantines s'essoufflent. Des gamins courent. L'un me ressemble, grand flandrin en chaussettes, mi-gibbon, mi-saucisse de Strasbourg. J'ai dû être ainsi, enfant courant au bord des larmes..., haut perché, hideux...

Maman, mon bateau reste en rade...

Il est resté, maman, mon beau navire, dans le port; les grands vents ne m'ont point fait voguer la galère, je n'ai pas hissé de grand foc, ma caravelle est au radoub, ma quille fut trop lourde; pour une fois que j'abandonne le bord, ne croyez pas que je cinglerai aux équateurs, mes Indes à moi ne dépassent pas l'Arc de Triomphe.

J'aime les statues des parcs en été, toutes ces dames nues ont une raison de l'être, il fait si chaud, alors qu'elles sont toujours un peu ridicules en hiver...

Je vais sommeiller sous les ombrages.

Je rentrerai samedi. De l'or coule entre les feuilles. Savoure, Friquet; dans les allées d'or sommeillent les retraités, les pigeons se prélassent...

Midi au soleil.

Les Indes? Jamais.

V

UNIVERS déployé de moquettes et de chuchotements.

Long tapis ascendant et sans secousses déposant sur un plateau les richards du voyage.

La variole à gauche, le choléra à droite et moi au milieu, j'émerge de la galaxie 3B.

Effluves luxueux, une hôtesse oscille en effleurant le sol comme dans les James Bond. Roissy, huit heures trente-cinq.

C'est moi qui suis là, dans ces lieux bâtis pour d'autres.

Des vaccins partout, la fièvre en prime, mes billets tremblotent... Moi qui ai toujours peur dans le 80 de paumer mon ticket d'autobus et de louper la station, je me prépare de beaux infarctus.

Paris-Bénarès. Une paille.

Mais revenons à hier où... Tiens, un turban. Le premier. Un type charbonneux à l'œil chocolaté, le regard à faire vaciller les colonnes du temple. S'ils ont tous autant l'allure d'avoir une corde d'étrangleur dans chaque poche, je ne vais pas me promener beaucoup sur les bords du Gange.

Beau film hier soir à la télé : *Airport.* Un film sur une catastrophe aérienne. L'idéal pour moi.

Je me suis couché sagement à dix heures trente et me suis endormi à sept heures moins trois. J'avais mis le réveil à sept.

Je ne suis pas énervé du tout.

En trois minutes de sommeil, j'ai effectué quatre sauts en parachute dont trois sans parachute, j'ai été détourné six fois, me suis écrasé douze dont une sur la face est de l'Annapurna. Le reste du temps, j'ai perdu mes billets dans cinquante aéroports différents ou me suis fait poursuivre à bride abattue par des légions de lépreux surexcités.

Il faut dire que c'était un film charmant contant l'histoire d'un Boeing naviguant avec un trou d'un mètre cinquante de diamètre dans la carlingue. Plein de suspense, cet avion, une véritable séance d'entraînement en cas de bombe à retardement pétant dans la soute. Je souhaite presque que la chose se produise, je serais le seul à savoir que faire. A moins que d'autres aient vu le film. Dean Martin en commandant de bord m'a semblé hésitant sur le maniement des commandes. Je me demande si le pilote qui va me transporter s'y connaîtra davantage.

La variole me tiraille plus que le choléra. C'était l'inverse tout à l'heure. Où ai-je encore fourré mon passeport...

J'ai déjà trente-six papiers sous chaque bras : carte d'embarquement, certificats de vaccination, bulletin de bagages... Quel monde! Je hais les édifices circulaires et cet aéroport est une bulle... Le dernier cri du plexiglas.

Le chauffeur de taxi n'a pas arrêté de mettre l'actuelle crise économique sur le dos de Djibouti. Dieu sait pourquoi Djibouti...

Rarement rencontré un tel spécimen d'idée fixe.

« Ça rapporte pas, Djibouti; on n'en a rien à

foutre, de Djibouti; vous en avez quelque chose à foutre, vous, de Djibouti? Alors, expliquez-moi ce qu'on y fout, à Djibouti? »

Très difficile de répondre à une semblable question; c'est vrai que dans un sens il n'a pas tort, car je n'ai jamais, en effet, très bien su ce que notre présence là-bas...

« Fumeurs ou non-fumeurs?
— Non-fumeurs.
— Je vous donne un hublot. »

Absolument délicieuse, cette petite jeune personne de l'enregistrement. Je suis ravi d'avoir un hublot, je serai le premier à pouvoir m'apercevoir de l'incendie des réacteurs.

Je n'ai pas vraiment peur d'ailleurs, c'est cela qui m'étonne le plus. Mais je n'y suis pas encore.

Réalise pas.

Pas du tout du tout du tout du tout du tout.

Il y a quatre jours, je barbotais dans l'eau froide entre les mégots de Gitanes-filtre et les canards en plastique, *and now, I go to New Delhi.*

J'ai acheté un guide rempli de conseils. Si je les additionne tous, le voyage ne sera pas compliqué : je m'élance dans la chambre de l'hôtel, m'enfonce la tête sous les draps et attends qu'on vienne enlever mon cadavre pour le brûler sur les bûchers purificateurs. Au dire des auteurs de cet ouvrage plein d'espoir, c'est la chose la meilleure qui puisse m'arriver.

M. Bronchiot, mon pharmacien, a renchéri dans l'optimisme; si je ne veux pas le décevoir, je dois revenir avec une tonne et demie d'amibes dans chaque intestin, des vers de dix centimètres sous la peau et quinze kilos de moins. Il sera parfaitement heureux si mes dents se déchaussent et, si je veux vraiment lui faire plaisir, je dois rapporter le choléra, car il est persuadé que la vaccination ne sert à rien. Il m'a enfin vendu des pilules de quinine en s'esclaffant longuement en réponse à une de mes questions sur leur efficacité. Il doit en rire encore.

Des chariots métalliques croisent, croulant de bagages. Valises pur porc à soufflets, sacs de voyage en daim, vanity-cases marqués à des chiffres... Evidemment, avec ma mallette carton bouilli, je fais un peu sordide.

J'ai un dictionnaire d'anglais dans ma poche droite, un petit rouge, celui avec lequel on trichait en classe pendant les versions.

M. Pailletis, du troisième gauche, remontait avec sa baguette de pain, je lui ai dit que je partais à Bénarès. Il doit croire que c'est à côté de Fontainebleau ou pas très loin de La Bourboule.

Ces Français sont incroyables. Ils ne voyagent jamais.

« Vol 143 à destination de Tel-Aviv, Téhéran, Delhi, Bangkok et Hong Kong. »

Mon Dieu, Hong Kong!

C'est à toi, Friquet. L'avion pour Hong Kong! Toi qui hésites à aller voir ta tantine dans le Maine-et-Loire parce que ça fait un peu loin...

La fouille avec des gants blancs. Un type en uniforme me palpe comme Kirk Douglas dans *Destination Hawaii*. Une gigantesque Anglaise disparaît dans la cabine pour être examinée tandis que le C.R.S. de service lui tient son bébé paternellement. Je me demande dans quel endroit du lange elle a bien pu planquer la bombe.

Au-delà des baies, Paris est rose, un rose mouillé comme une fleur trempée dans l'eau. Montmartre émerge à peine d'une nuit aquatique. Je vais voler au-dessus.

Bénarès s'appelle Varanasi. C'est Louis qui me l'a dit. Il est sorti hier. Il paraît que cette fille parle splendidement le français. Encore une chance.

Il a ajouté : « Et, en plus, cela va te faire connaître du pays. » Et voilà la jeunesse d'aujourd'hui. Il m'expédie et se demande de quoi je me plains. De quoi je me plains, en effet.

Je sais déjà tout par cœur : Sanandra Khanna, 25 Harischandra Road. Lents tapis roulants plongeant dans des grottes profondes. Tout ici est lent et silencieux, nous sommes un peuple de culs-de-jatte. Sur des sphères suspendues éclatent les publicités de cognacs à quinze étoiles et de limousines de cent mille chevaux.

Et voici qu'il est là soudain, poisson plus qu'oiseau, de la couleur du ventre des soles sur l'étal des poissonniers de la rue Ordener. Mon baptême de l'air, grand requin horizontal et sans écailles déjà vrombissant; je deviens, en grimpant sur la passerelle, diplomate en tournée diplomatique, homme d'affaires cosmopolite, star internationale, je suis Kissinger, la General Motors et Richard Burton, le genre d'êtres pour lesquels mettre le pied dans un avion est d'une banalité désespérante... J'espère exprimer un peu de l'ennui que confère l'habitude lorsque l'hôtesse me sourit.

« Par ici, monsieur. »

Odeur de luxe, je suis dans le poisson. Cette fois, c'est pour de vrai.

Des tas de boutons sur l'accoudoir, pour la lumière, pour le son, pour l'air, pour le dossier. Tel-Aviv, Téhéran et Delhi, je descends à la troisième. Toujours ma vieille peur de louper la station. Immense, ce zinc : deux couloirs, des rangées de quatre fauteuils au centre, trois sur les côtés. La foule grimpe, pleine de Chinois... Ça y est, un Indien à côté de moi. Pas de turban, mais les yeux ne trompent pas : fendus en danseuse, la tête ascétique et maigrelette, la barbiche brahmane; c'est un Indien pauvre et moderne : jean et pataugas.

Il y a un écran devant la rangée centrale. Du cinéma en plus.

Distribution de serviettes rafraîchissantes en sachet, journaux; je déplie les dépliants : je suis dans un Boeing 747. Israël dans trois heures quarante.

J'ai pris *Le Figaro,* ce qui fait riche.

Attention, on roule, lentement..., vibrations agréables.

« Le commandant Machin est heureux de... »

Ta ceinture, Friquet, n'oublie pas ta ceinture.

Sur le siège devant, une gosse joue aux échecs magnétiques avec son père qui serre le bras du fauteuil pour empêcher le coucou de s'envoler. Il est vert et elle triche.

L'Indien lit le français. Comble de tout, il a pris *L'Huma.* C'est un Indien communiste. Accélération. Impression que l'engin freine et se gonfle et que ça va jaillir en aigle. On va partir comme la pierre d'un lance-pierres... Je vais laisser mon estomac derrière moi, je sens que...

Soleil sur crème Chantilly.

J'ouvre les yeux sur des milliards de kilomètres de chantilly. Peut-être ne vais-je pas pouvoir résister; je vais sortir, bondir et gambader comme dans une neige élastique et sucrée. Je suis de la race de ceux qui n'ont jamais vu les nuages du dessus.

Je vois un bout d'aile en me penchant, un triangle, un couteau de cuisine qui découpe le blanc d'œuf. Quelque chose est écrit : *Ne pas marcher au-delà de cette ligne.* Intéressant de savoir qu'on peut se balader en deçà.

L'hôtesse filiforme et attentionnée me tend un menu gigantesque. Il n'est même pas onze heures. Médaillon de langouste, grenadin de veau zingara, salade d'endives et filet d'esturgeon. Lucullus dîne chez Air France.

Mais qu'est-ce que c'est que ce truc ? Un plateau plastique de dix centimètres carrés avec des petites cases pour les dînettes de Monique lorsqu'elle avait trois ans. Tout surgelé et sous cellophane, même la fourchette est caoutchouteuse. L'Indien ricane à côté de moi, il a l'air de se demander si cette éponge sous vide est bien du grenadin zingara. Mâchonnons.

Derrière, une jeune dame tricote et claironne à intervalles réguliers qu'on doit être drôlement haut. Le type à côté d'elle fait semblant de dormir. Ce doit être un voyage de noces et, à mon avis, ça débute mal.

Je n'ai pas peur du tout : le steward est bien trop distingué pour que l'avion s'écroule. Impossible qu'un nœud papillon semblable puisse bouger d'un millimètre.

Je crois que c'est la raison pour laquelle ils sont si polis et si bien habillés : cela éloigne l'idée de la catastrophe. Si nous devions nous écraser au sol ou prendre feu en vol, cette ravissante blondinette qui me propose pour la troisième fois une serviette rafraîchissante n'aurait pas passé tant de temps à se faire les ongles.

Incroyable ce qu'ils tiennent à vous refiler leur saloperie de serviette : tout l'appareil sent la lotion comme chez M. Goulireux, le coiffeur de la rue Lamarck.

Naxos sur la droite : un mouchoir blanc froissé sur une plaque de formica violet... Les nuages ont fui et nous sommes dans le soleil.

La Grèce en bas et moi par-dessus.

Un bébé pleure à l'avant. C'est étonnant comme

les bébés peuvent prendre les avions. Les bébés et les handicapés.

L'Indien a fini *L'Huma* depuis longtemps et va faire son pipi en sifflotant.

Au fond, un avion est un autocar avec les cahots en moins.

La mer en dessous, ce doit être la terre, là-bas, cette courbure, et j'aimerais être en ce moment à la fois le gosse que j'étais et qui regardait passer les aéroplanes blancs de soleil et moi-même dans cet avion tout petit, tout jouet, tout faraud, je me ferais des signes... Regarde, Jean-François, c'est moi qui suis là aujourd'hui, je suis arrivé à le prendre, le bel oiseau du rêve...

On baigne dans l'azur et l'or, la mer pivote, nous tournons, un grand pan liquide qui bascule monte vertical... Les Indes, la soie, les épices, Marco Polo, les lanciers, les éléphants, les lentes caravanes pleines de poignards torsadés, de bijoux, de voluptés en sari... Il devait falloir des années pour franchir les montagnes au pas lent des chameaux...

Rhodes à présent, Rhodes comme une main d'enfant; entre ses doigts coulent les rivières des villages... Il ne doit jamais pleuvoir ici, pierres sèches que la mer ne mouille qu'à peine.

Derrière, le clairon de cavalerie s'est endormi sur son tricot; voilà vingt minutes au moins qu'elle n'a pas dit qu'on était haut. Je vois le reflet de l'époux dans le diamant du hublot. Il semble se demander s'il ne serait pas plus intelligent de sauter en vol pour arrêter le supplice. Confectionner un pull-over le 5 août dans un Boeing au-dessus des côtes torrides de Turquie à huit mille mètres d'altitude lui fait mal augurer de l'avenir.

Qu'est-ce que je vais lui dire, à cette demoiselle Khanna ? Je suis le papa du grand maigre à la barbe que vous avez connu cet été et qui veut faire de vous sa femme, et je viens voir si vous êtes d'accord.

Idiot. Folie complète. Je suis en l'air et en folie complète.

Une côte incomparablement blanche, des collines écrasées, déjà des hangars, des H.L.M., Sarcelles, Tel-Aviv...

Seigneur, la terre promise, Moïse, les Elus, Jésus sur son âne, les ruelles... Et voici des hangars à perte de vue. Frustrant de se trouver en Judée et de ne voir que du béton... Où est la Bible, bon Dieu...

« Vous êtes français ? »

C'est l'Indien.

« Oui. »

Je fais l'aimable. Il pourra peut-être me renseigner sur Bénarès.

« Ce doit être bon de retrouver le pays... »

Il me regarde et se frotte sa brahmanique barbiche.

« J'en sais rien, dit-il, je suis catalan et je vis à Paris depuis vingt-cinq ans.

— Notre descente sur Tel-Aviv est commencée, veuillez attacher... »

Soleil de feu. Il fait trois mille degrés. Au pied de la passerelle, nous gémissons ensemble. Je n'ai pas l'habitude de ces pays où l'extérieur est plus chaud que l'intérieur. Un four happe nos corps. Des soldats armés sur la piste... Je passe sous les ailes incroyablement fragiles, elles me paraissent rafistolées au papier collant; j'ai la nette impression qu'il manque un boulon sur trois.

« Je fais un peu de peinture, des petits trucs, je colore des Mickeys. »

Il tire sur sa pipe en produisant un bruit spongieux. Il n'y a que les Catalans pour ressembler autant à des maharaja.

Contrôle. *Security check*. Fouille soignée. Ils sont jeunes, les Israéliens, jeunes et minutieux. Quand il sent mon stylo, il sursaute comme si c'était une mine antichar. Je me demande s'il va le dévisser. Instant d'angoisse. Non, il ne le dévisse pas. Il a tort, il y a dedans une bombe miniaturisée. Je suis l'un des chefs de l'Armée Rouge; l'attentat pour le plaisir : plus ça saute et plus je suis content.

Nous regagnons l'avion en car. Ma chemise est soudée à mes omoplates et je me sens ruisseler. Je regrette les serviettes rafraîchissantes du départ. Des tôles ondulées, des camions, des barils, une absence totale de pittoresque. Depuis le départ, un turban à Roissy et une calotte juive de la dimension d'une pièce de cinq francs.

Nous allons voler vers la nuit à présent, elle est quelque part par là, vers l'est; je n'étais jamais encore allé à sa rencontre.

La fatigue approche. Il est fatigant de voyager, voici encore une chose que les agences ne disent jamais. Sur les dépliants, les voyageurs sourient toujours, radieux et guillerets. Dutricot râle à mi-voix, car à côté d'elle vient de s'installer une mémée israélienne impassible et vissée à son siège comme le mur des Lamentations au cœur de la ville sainte.

Le Catalan tire sur sa pipe. Il va à Bénarès aussi. Décollage dans quelques secondes...

J'ai dû sommeiller, une demi-heure peut-être...

La Turquie, l'Orient dans la nuit, je ne verrai ni les minarets ni les tapis volants, je loupe tout...

L'air pulse et un filet froid me décolle la chemise. *It's wonderful.* Survole les grands déserts, aventurier... Il fait noir dans le ciel.

Le Catalan ronfle comme toutes les usines de Barcelone.

Quelle heure en France ? Difficile de s'y retrouver avec le décalage horaire. Dix-neuf heures environ : « Les chiffres et les lettres » commencent. Trois voyelles, trois consonnes... Idiot de penser à cela...

La flemme de lire mon guide, la profusion de bodhisattva, de mahatma et maharani me bloque au départ.

Des stewards passent avec des couvertures. Je suis bien... Juste ce qu'il faut d'angoisse au creux du ventre pour me sentir vivant.

Quatre lumières dans l'encre tout en bas..., un village dans l'immensité, je m'enfonce, mes ailes s'agitent, il est bon d'être oiseau, je plane sur les vallées de la nuit... Dodo.

Un fuselage surgit à dix mètres. Fracas de la collision. Je crie pour avertir. Il ne bouge pas. Nous non plus. Nous sommes posés.

Téhéran.

« Par suite d'une réparation difficile à effectuer sur l'un des réacteurs, nous demandons aux voyageurs de bien vouloir descendre... »

Ils vous annoncent ça comme s'ils présentaient des petits fours ; ils vous font frôler les ailes de la mort et ils sourient, aimables... Des cars dans la nuit chaude, des lumières clignotent. Le shah est sur nous. Un tableau de trois mètres sur quatre qui masque les heures d'arrivée des long-courriers. La shabanou cache celui des départs. L'odeur de pieds touche au prodige sur une pareille surface. Imaginons le Parc des Princes sentant la chaussette. Il fait trente degrés, mais la chaleur n'explique pas tout. Sous le shah, mon Catalan murmure des choses sans respect pour le

souverain qui le domine. Couchées sur les ban-
quettes, des musulmanes en noire djellaba rient
comme des minettes.

La panique monte; je sens que je vais louper la
correspondance pour Bénarès. Moi qui suis au
bureau tous les jours dix minutes en avance, j'ai
du mal à ne pas piaffer... Bénarès m'attend et je
suis en retard.

J'ai manqué l'avion.

Tout a surgi d'un coup, une boîte s'est ouverte
et Delhi a jailli comme l'enfer; j'y traîne, crevé, en
mille sueurs, mais qu'importe... Noyés dans les
poussières, des yeux me dévorent, ils sont partout
à hauteur de mes genoux, un peuple accroupi qui
me scrute... Delhi, sèche, balayée sans cesse par
des êtres de charbon, la poussière dans les gor-
ges, sur le quai de la gare où j'escalade les corps
emmêlés, soif de damné, mais j'ai peur de boire
ces eaux tièdes où nagent des virus par milliards.

Je m'arrête, ma valise est lourde, des cireurs de
chaussures de dix ans et de quinze kilos me talon-
nent dans le hurlement des klaxons des guimbar-
des, des vieillards comme des chiffons d'un autre
âge dorment sur les trottoirs, des pyjamas, des
haillons, des effilochures, les couleurs du plâtre,
du soleil et de la mort.

Deux heures à attendre avant le départ. Je
m'assois sur la valise, les pieds dans les crachats
et les épluchures. Qu'est-ce qu'il raconte ? Il est à
mes pieds — trente ans sans avoir fait d'anglais
et avec l'accent indien en plus — il me montre
des aiguilles, des petits hameçons dans le creux
de sa main. Qu'est-ce qu'il me veut ? Je ne comprends pas, je suis dans le coton, en plus la fatigue, le décalage horaire et cet énergumène qui
hurle pour se faire entendre... Il extrait un car-

net... Il fait quarante degrés à l'ombre et je perds un kilo par minute, lui a deux couvertures superposées, il me tend des feuilles humides, l'écriture s'est diluée dans la sueur, des mots anglais..., des signatures de tous les coins de la planète. *C'est fantastique, il est très doux, c'est agréable,* c'est signé « Monique, d'Argenteuil ». Il fait des gestes, j'y suis, c'est un cureur d'oreilles ! Avec ses hameçons, il doit vous extraire les bouchons ; enfant, déjà, je hurlais sous l'assaut des cotons-tiges. Tandis que je défends mon cérumen comme un diable, des mains glissent du magma et défont mes lacets de chaussures. Je détale, ils suivent, ils sont partout sur les rails, le long des toits ; voici une place ; ils dorment par escouades, écroulés dans l'urine des égouts, là-bas des murs sont d'un rouge sanglant à force de recevoir le jus de bétel craché à la volée. Des fantômes éparpillés sur les chaussées. Où sont les vivants ?

Folie d'être venu ; je serais tranquille là-bas, le cœur au calme, au lieu de fuir ces mains grouillantes. Je vous regrette ! Voilà que je vous regrette, papiers gras d'Occident, muscles filiaux, bêtises et camping... Je vais mourir, ma valise au poing.

Delhi frit dans l'huile, dans le cambouis, l'asphalte se soulève en cloques, ils sont là accroupis en d'incroyables minuscules besognes, ils arrachent des herbes microscopiques, lissent les poussières du bitume, caressent des étalages minimes... Des odeurs explosent, poivron, merde et cannelle ; ils vendent des feuilles d'arbre roulées d'où coulent des cires pâles, des grains de riz nagent dans des sauces infimes... Ils crient, ils crient aussi fort qu'ils sont maigres. Mon Dieu ! C'est l'Inde et j'y suis ! Et maudit soit mon fils et moi en premier, l'imbécile qui obéit toujours. Il fallait dire « non, non et non ». Flac, une giclée d'eau, ils arrosent avec des cruches d'argile, du bout des doigts ils parsèment des gouttelettes précieuses et régulières; la rue monte là-bas vers la mosquée rose comme un bonbon... Des enfants jouent entre les vélos-taxis à un mâtiné de base-ball et de marelle, le plus petit n'a pas six ans..., il fume une cigarette raide comme un crayon, le cinéma au-dessus de lui en pancartes gigantesques : *Parvarish*. Un John Wayne bengali enlace des Marilyn de Jaipur... Des queues immenses au guichet et c'est le matin, dix heures à peine, pas de crise du septième art dans la région. J'ai faim, mais que manger? Des bouillies rissolent dans des échoppes, des liquides bouillonnent où l'on trempe des galettes huileuses et spongieuses... Je retourne à la gare, je ne sens plus mon bras. Le plus dur n'est pas de porter sa valise, c'est de la retenir, ils veulent me la prendre, des porteurs aux vestes rouge brique comme les armées d'autrefois, sang et crasse.

Folle foire des quais, ils dorment là; plus ils sont maigres, plus les charges sont grosses : quatre-vingt-dix ans aux prunes et deux cantines militaires de cinquante kilos chacune sur le turban, des mollets-ficelles ploient sous les charges. Voilà le train, c'est l'assaut, j'ai pris des premières, le torrent m'emporte, déferle vers les wagons grillagés, au secours, j'évite l'éborgnement de justesse, je me noie dans la sueur, c'est l'hallali, des bouches hurlent, des glapissements frénétiques, ils escaladent les toits... Mêlée, des gardes courent, gourdin au poing. New Delhi.

Et la terre s'étale d'un coup comme un joueur abat ses cartes... L'horizon tourne. J'ai dormi le front contre la vitre et voici la fuite du soleil et le temps des ombres mordorées, les moissons jaunes se trouvent du mauve des saris des femmes de la plaine, des attelages rampent et voici des paons sur les lagunes. Dieu, que j'aurais eu de choses à partager...

Des paons gris et verts par myriades, des êtres émergent à peine de la plaine si longue... Ils ont toujours été là... Que fait ce type nu au milieu des joncs brûlés et des haillons dans le village, et la peau qui flambe de tous ses pores ?...

Des ânes, des cars cliquetants de médailles, les roues cintrées par le poids des balluchons qui crèvent les fenêtres d'abcès de linge sale; des vélos attendent, à chaque passage à niveau. C'est un pays de passages à niveau. Une femme sur le remblai à hauteur de la portière. Elle porte dix mètres de jonc en équilibre sur la tête, chaque extrémité se recourbe jusqu'à terre et son corps devient la flèche d'un arc... Tout s'incendie à présent.

La nuit va venir, brassée par les pales des ventilateurs. Seize heures de route pour quatre cents kilomètres. Plus de dix heures : une nuit.

Un village derrière le remblai, un village de terre où les hommes sont de glaise et d'ombre. Comment vivent-ils ? Le sol défile. Poussière, sable et boues agglutinées.

Six dans le compartiment des premières; en seconde, j'aurais déjà été volé trente fois et violé le double ou l'inverse. Tous ont quitté leurs chaussures, ils sont pieds nus, assis en tailleur; moi seul ai les jambes raides, ce qui suffit pour me sentir idiot.

En face, un jeune type en coiffe bretonne et pantalon gaulois. Mère en sari à côté qui discute en cliquetant des bracelets. A côté de moi, un prêtre en robe orange et long bâton qu'il a eu du mal à caser sous la banquette. Il a l'air gentil. Un tatouage circulaire entre les sourcils, il sourit vaguement aux pales du ventilateur. Il me dit quelque chose et produit en même temps un bruit tonitruant, mi-trompette mi-cor anglais, le genre de son qui vaut à son auteur d'être expulsé par un instituteur en furie lorsqu'il se produit en classe.

Personne ne sourcille. Cela doit faire partie des mœurs; je lui souris en retour en souhaitant que sa musique soit accidentelle. Je dois avoir l'air de le féliciter.

La nuit glisse le long des barreaux. Nous sommes en cage.

Mes compagnons disparaissent peu à peu, ils disparaissent en même temps que mes dents crissent et que je m'étouffe... Nous serons recouverts d'un sucre de charbon, de sable et de poussière mêlés. Une locomotive à vapeur s'époumone et crache des torrents de suie, à faire pâlir les nostalgiques du chemin de fer... Le train s'étire dans les courbes, il n'en finit pas, quarante wagons bourrés avec des hommes sur les toits... Ils ont leur lit, tout leur barda; à chaque arrêt ils boivent du thé aigre dans des pots d'argile et repeignent les wagons en rouge en crachant dessus leur salive sanglante.

L'Inde marche pieds nus, crache et meurt... On dit que beaucoup vivent sur les quais de ses gares. Arrêt de nouveau. Des singes immobiles nous regardent, des familles assises en rang d'oignon. Ils sont à deux mètres... On repart. Les ventilateurs continuent à remuer l'air gris et tiédasse, comme on tourne un mortier. J'ai une bouche de ciment, la poussière remonte. Nous repartons. Cela doit créer chez le prêtre pèlerin une joie profonde qu'il salue à sa manière coutumière.

Je colle mon visage contre les grilles, dans le vent chaud et les escarbilles. Arrêt. Nous avons dû faire deux cents mètres, davantage si je me suis endormi, je ne sais plus; la nuit est bleue.

Ils montent par chapelets, des lumières trem-blotent. Elles éclairent leurs étalages d'allumettes et de beignets frits. Des feux dans les villages, les fumées lourdes coulent sur les torchis des toits, cela doit éloigner les bêtes, elles stagnent blan-ches et fixées comme des draps par d'invisibles épingles... Le jeune homme est un Sikh, j'ai regardé dans le guide. Rien à voir avec la Breta-gne, d'ailleurs ses yeux étirés comme ceux des fresques le feraient remarquer sur les falaises de Paimpol. Il est beau, éternellement et sans effort.

Redépart. La narine gauche de la mère s'illu-mine dans la lueur de la veilleuse : une pointe de diamant y est fixée.

Je suis dans le train Delhi-Bénarès. Il fait nuit, l'Inde s'est endormie de l'autre côté du grillage, il fait moite, j'ai à mon côté un moine trompeteur qui n'arrête guère, je mâche du charbon et je donne dix ans de ma vie pour un grenadin zin-gara et dix litres de bière glacée.

Redémarrage. Le Sikh tousse et crache son âme entre ses pieds; des hommes à perte de vue le long de la voie dorment ou rêvent, cernés de bal-luchons, se partageant une étroite cigarette..., chaque mégot bourré à craquer de bacilles de Koch, de virus filtrants et bactéries cuirassées...

J'avais oublié ce lent gémissement des trains arrêtés comme si la ferraille torturée s'étirait, prenant ses aises, profitant du repos et du silence pour faire jouer ses vieilles articulations.

Déjà se distinguent les premiers foulards de brume dont s'enveloppe l'aube... Il fera rose bien-tôt. L'Inde m'entre par les yeux avec ses lumières délavées. Noirs sur le ciel, des chiens courent sur leurs pattes en fil de fer.

Des hommes accroupis dans les champs défè-quent en chœur; un plus près que les autres pré-sente ses fesses au train qui passe... L'Inde se vide au matin, peut-être cela est-il comme un rite communautaire, comme le café au lait ou l'achat d'un journal ou le p'tit bal du samedi soir... Le Sikh arrache ses poumons, le moine persévère dans les graves, ils toussent tous pour saluer l'aurore. Six heures encore avant Bénarès... Nous sommes arrêtés de nouveau en rase campagne. Des corbeaux annoncent les villages tapis..., des vautours peut-être..., je n'y vois guère encore. Cela doit faire deux nuits que je n'ai pas dormi. Je vais être splendide pour rencontrer... Comment elle s'appelle, déjà ?

Un visage comme dans les documentaires. Des millions de soleils ont dû cuire cette peau craquelée. Il a une tresse et des moustaches 14-18. Les cuisses nues et grêles tremblent dans la montée, j'espère qu'il a compris que je voulais un hôtel. Nous allons verser, ils semblent faire la course, les roues se frôlent, c'est un Ben-Hur de soixante-dix ans dans la stridence des sonnettes de vélo actionnées sans arrêt... Ils hurlent pour avoir la place, des camions dans tous les sens à tombeau ouvert.

Mon pédaleur se retourne, le sourire jusqu'aux oreilles, ruisselant sous un turban couleur serpillière. Un grand-père biblique.

« Haschisch, opium, boys ? »

Je le regarde. C'est le brouillard : poussière plus chaleur plus pas dormi plus qu'il est loin, le grenadin zingara...

« *You want haschisch ?* »

Je refuse. Cette fois, c'est le coup de bambou, tout vacille, des grands pans de silence blanc tombent sur l'Inde. Je n'arrive plus à aspirer, quelque part quelqu'un a coupé l'arrivée d'air. Je ne vais pas m'évanouir tout de même, il faut que je téléphone à cette fille, c'est pour ça que je suis là, mort à demi. Ce doit être cela, l'hôtel, un mausolée avec des drapeaux flasques; j'oscille sur mes jambes, la terre bouge.

« *Ten roupies.* »

Il montre avec ses doigts. Il m'arnaque. A tous les coups, il m'arnaque dans les grandes largeurs; je m'en fous, il y a de l'ombre là-bas dans le couloir, de l'ombre, de l'eau et un lit où je vais sombrer jusqu'à la fin du monde.

Derrière son comptoir, le préposé ressemble à une éponge flottant dans la mer; il parle français, japonais, anglais et allemand pour la moitié des mots, et hindi pour le reste. Les ventilateurs bruissent, parfaitement inefficaces.

Je téléphonerai plus tard. Des serviteurs flottent dans les couloirs... La baignoire est rouillée. L'eau coule, rougeâtre, le long des tuyauteries. Je m'en fous, je vais attraper les cent mille maladies, c'est mon pharmacien qui va jubiler, mais je n'en peux plus, je vais flamber comme une allumette si je ne plonge pas..., un phénomène d'autocombustion. Un filet d'eau tiède sur la faïence craquelée, tout pue ici, les plafonds sont immenses, c'est sans doute le plus bel hôtel de la ville. Ce n'est pas une salle de bain, c'est une architecture périlleuse et suspendue de marbres anciens et de rouilles enchevêtrées.

Je tremble, tout nu; c'est la fatigue. Je vais descendre manger n'importe quoi, un kilo de piments crus s'il le faut, j'exploserai peut-être, mais il doit être bon de mourir le ventre plein.

Délices. Je barbote : le plafond pend, lambeaux de tentures anciennes, d'étranges borborygmes secouent les craquelures des robinets... Je vais mourir là... Sonnerie.

Sans doute, un garçon, j'ai dû oublier quelque chose... Je m'extirpe de mon récipient, patauge dans la soupe, m'entortille dans une serviette de bain : la glace est piquetée mais pas assez pour ne pas m'apercevoir que je ressemble à une endive molle aux poils englués. Image déplorable de l'Occidental en villégiature.

J'ouvre.

Ne me dis pas qui tu es, je n'aurai pas trop du reste de ma vie pour l'apprendre... Ces lieux sont vastes comme des halls de gare dont ils ont la tristesse, il a dû y avoir du faste autrefois entre ces murs... Son sari semble phosphorescent dans l'ombre indécise. Personne n'est plus laid ni plus bête que moi en ce moment.

Elle sourit, moqueuse, radieuse; les yeux sont si grands que je m'y suis déjà perdu.

« Je m'appelle Sanandra, dit-elle. Louis m'a avertie que vous viendriez. »

Une mare se forme entre mes orteils.

Si je lui tends la main, il n'est pas sûr que ma serviette reste en place.

En face de moi, les pupilles sombres pétillent, lumineuses. Je sais que j'ai toujours eu un don certain pour ne jamais paraître à mon avantage, mais tout de même je bats en ce moment tous mes précédents records...

« Je vous attends au bar dans dix minutes, O.K. ? »

J'opine et prends conscience que j'ai gardé la bouche ouverte depuis son arrivée; je la referme, me gratte la tête.

« Attention, dit-elle, ça va glisser. »

Je rattrape la serviette au vol et la regarde s'éloigner dans le couloir vide. Comment mon grand dépendeur d'andouilles filiforme de fils s'y prend-il pour me fourrer dans un pareil pétrin? Comment a-t-il fait pour retenir l'attention de Sanandra?

Sanandra...

VI

Dans la lumière qui monte des profondeurs du fleuve, le sari s'illumine doucement comme ces paysages imprécis qui attendent l'aurore pour rallier en eux toutes les couleurs de la terre... Les couleurs ont des noms, mais qui connaît les noms qui désignent l'entre-deux des couleurs ? Sanandra n'est ni rose ni rouge, cela peut s'appeler framboise ou cyclamen si, dans les mouvements de la soie, dans l'ondoiement de la démarche, n'éclataient pas des gris insoupçonnés... Corail ou trianon ? L'un à l'autre mêlés, tandis que le soleil monte face à nous sur les remparts et les escaliers de la ville. La chaleur fonce déjà du galop de tous ses cavaliers lancés du bout de l'horizon.

« Expliquez-les-moi. »

Elle suit la direction que mon index lui indique.

Par milliers sur les dalles brûlantes qui coulent vers le fleuve, ils sont accroupis dans la puanteur des excréments. Sous les guenilles, ils ont dormi dans la vase des berges et des collants d'argile et de boue scellent leurs orteils. Il a plu toute la nuit, la pluie lourde et chaude des moussons.

Les pieds nus dans ses sandales, Sanandra zigzague entre les bouses chaudes des buffles.

« Ils mourront ce soir, demain, dans trois

jours... Ils sont inexplicables. On ne peut dire d'eux qu'une seule chose : ils sont arrivés.

« Certains ont marché des années, des monts de Srinagar aux plaines de Mysore, de l'Inde entière ils sont venus et rien à présent ne les concerne plus; leur vie cesse ici d'être humaine. Voici le terme du voyage : Bénarès. »

Sur un socle de colonne à demi éboulée, un être se tient très haut au-dessus des eaux, perché comme un corbeau dont il a la couleur. Ses cuisses remontent derrière ses oreilles et dessinent des ailes repliées. Sur le front, une tache circulaire jaune cerclée de soleils rouges. Son ventre pend, par plis successifs... Il urine, impassible sur ses talons de pierre. Il est nu et l'arc d'or liquide s'irise dans les rayons du matin.

Que fait-il devant le Gange ? Il ne bouge pas, cerné de temples et de statues; le vent faible rabat vers lui la fumée qui vient des cadavres qui brûlent là-bas, de l'autre côté de Dasashwamedh Ghat.

Elle se retourne et m'attend.

Silhouette sur le toit du ciel, seule et parfaitement tracée, nette et pure comme une gravure. En bas, le grouillement des foules contraste avec cette solitude instantanée qui est la rançon de cette beauté stupéfiante que je sais déjà ne jamais pouvoir épuiser. Sanandra, hier soir au bar de l'hôtel, rieuse et préoccupée...

« Louis est si fou, si impulsif, je ne pensais pas qu'il tiendrait parole... »

J'ai pris une sorte de Coca-Cola sirupeux comme une vaseline.

« Il a tenu parole, il m'a envoyé. Mais je ne savais pas qu'il pouvait être impulsif... »

Elle m'a regardé comme si j'avais eu mon mot à dire dans cette affaire.

« Et vous avez accepté de faire ce voyage ! »

Ce n'était pas une question, bien sûr, plutôt une exclamation. Elle a pris l'air sérieux comme si elle avait devant les yeux un nourrisson vaguement maladif.

« Et vous ne connaissez pas l'Inde ? »

J'ai dit que je n'avais que rarement passé les périphériques parisiens. Elle a levé un doigt.

« Je serai votre guide. Demain, à l'aube, nous avons rendez-vous. Il faut voir la ville au lever du soleil. A présent, il faut manger et dormir... »

Déjà le sari de Sanandra s'incendie sous les rayons, je cligne des yeux dans la lumière. En contrebas, la marée des pèlerins avance vers les berges.

Elle s'appuie à la balustrade du temple en plein ciel; c'est un labyrinthe en dessous, un emmêlement de racines, de pierres, de dieux et de fanges.

Le fleuve monte, large et lent, une force aquatique et arrêtée, trouée par l'or des corps. Les tambours battent, à l'intérieur des temples, curieusement aigrelets; d'autres plus sourds couvrent la rumeur de la ville.

« Chacun annonce une mort, explique Sanandra, les cortèges approchent des bûchers. »

Je me penche. Nos épaules se touchent. Elle a un parfum... J'admire les types qui savent décrire les parfums..., c'est un parfum frais. Il fait déjà torride et, par la force de cette seule odeur, Sanandra est dans ce coin d'Asie la seule note fraîche, le seul jardin, un parfum d'une seule fleur ouverte, simple et gaie. Une fleur inconnue et unique.

La fumée couvre les pèlerins, s'écarte; des dômes émergent, voici le temple d'or.

« C'est étonnant que l'on ne tourne pas davantage de films. »

Sanandra regarde le fleuve.

« Il y a beaucoup de projets. Des hommes viennent de partout, d'Amérique, d'Europe; ils ont des scénarios, des intrigues, ils ont feuilleté des albums, vu des photos, ils pensent alors que Bénarès serait un décor splendide, cela ressortirait sur l'écran; ils imaginent le bel effet d'un sari sur les colonnes d'or et les pagnes blancs sur le vert du fleuve. Ils viennent et le film se ne fait jamais.

— Je commence à comprendre pourquoi. »

J'ai parlé machinalement, j'ai l'impression qu'elle a aimé que je dise cela, non parce que c'était intelligent mais parce que je n'ai pas réfléchi.

« On ne joue pas ici, poursuit-elle; nous sommes aux limites du folklore, le pittoresque a atteint ses bornes; il faut fuir ou rester et mourir. Certains choisissent cette dernière solution, c'est le *junkie corner*; c'est là-bas, sur la droite, après le temple de Kâli, nous irons les voir un jour prochain... Ceux-là ont décidé de rester, ils ont accepté de vivre accroupis, les yeux noyés de chanvre, dans l'urine et le soleil. »

Je sursaute. Il vient d'y avoir un soubresaut dans sa voix, quelque chose qui jaillissait de bien des millénaires et contre quoi elle s'est heurtée soudain, comme lorsqu'on bute, au détour d'un labyrinthe, sur un mur inopiné. Je ne peux savoir ce que c'est encore... J'y arriverai s'il y a beaucoup d'heures comme celle-ci près d'elle... Il y a bien longtemps que je n'avais eu cette curiosité, cette envie palpitante de déplier un être, comme on déplie une lettre pour y lire un message; voici que je m'éveille à l'intérêt, il y a si longtemps que je n'ai plus envie de rien découvrir... Pourquoi cela? Peut-être parce qu'elle est Sanandra et qu'il y a des années que je ne m'étais senti aussi peu con près de quelqu'un. Si elle épouse Louis, je la verrai souvent, Sanandra à Paris... Nous parlerons de Bénarès, de cet instant qui passe... C'était au temps où je vous ai rencontrée... Vous souvenez-vous de ce matin sur les Ghats ? Vous portiez un sari d'une couleur dont j'ignorais le nom, vous m'expliquiez la ville, vous aviez un parfum fait d'une seule fleur qui ne meurt jamais...

Les remparts résonnent des coups de hache. On fend le bois dans les ruelles pour préparer les bûchers futurs... Voici ceux du présent : sous le gris des troncs secs et morts, sous la pestilence des fumées, les chairs calcinées crèvent le sang des suaires. Les cadavres parallèles couvrent les marches, les étoffes sont rouges pour les femmes, blanches pour les hommes. Des ombres courent autour, imprécises et fantomatiques dans les fumées et le soleil.

Sanandra, prise comme moi par la fascination, serre le parapet de pierre; toute l'horreur et la beauté de la terre sont concentrées en cet instant dans ces lieux incroyables.

« Regardez ces hommes, dit-elle, ce sont des dols, la dernière caste, les parias. »

Les gardiens des bûchers... Ils sont nus, ils vivent dans les brasiers, chaque jour de leur vie... Combien peut-il faire là-bas, cinquante, soixante degrés... Les chiens courent dans les cendres rouges, se brûlent les pattes pour déterrer des filaments...

La longue perche du plus proche des dols se glisse sous la nuque du mort, le buste soulevé reste droit un instant, oscille et tombe en avant, cassé en deux à la hauteur du bassin, dans l'explosion ténue des chairs éclatées; les étincelles montent vers nous.

« Venez », dit-elle.

Elle ne s'est pas retournée; elle ne doit pas avoir besoin de cela pour comprendre que je suis vert.

Inlassables, dressés au sommet des marches, des vieillards nus trempent leurs guenilles dans les eaux sacrées. Le temps coule, sans prise... Qui pourrait quelque chose pour ces hommes qui n'ont jamais cessé de mourir !

« Vous êtes au cœur de la ville sainte, au cœur de l'Inde. Ceux qui sont ici ne seront jamais réincarnés après leur mort, le dieu-fleuve les dispense d'une autre étape terrestre, leur âme à jamais libérée de tout corps remonte enfin et peut s'unir à Dieu. »

J'essuie mon front qui ruisselle; nous montons des marches verticales, la ville et les coupoles grimpent, vertigineuses; tout au-dessus de nous brillent les statues d'or chauffées au rouge par un soleil destructeur.

« C'est drôle, dis-je..., personnellement, je ferais un pèlerinage pour la raison inverse. J'aimerais bougrement être réincarné. »

Sanandra monte encore et s'assied à l'ombre d'un arbre noueux aux feuilles immenses et planes comme des rames de barque de pêche.

« Vous êtes lié au terrestre, pas eux; ils veulent vivre éternellement, sans dispersion. »

Je la regarde.

« Et vous, qu'est-ce que vous choisissez : le chant des anges dès votre mort ou encore trois quarts de siècle de présence sur cette bonne vieille terre ? »

Elle sourit. Ses dents sont plus que blanches; il y a en elles quelque chose que jamais un émail d'Européen n'a pu revêtir, elles en paraissent friables, l'intérieur d'une amande au printemps lorsque tout est lisse, fragile et mouillé.

« Je ne sais plus, dit-elle. Je ne sais plus rien et c'est en quoi j'ai cessé d'être indienne. »

Je m'assois près d'elle. L'arbre est brûlant à travers ma chemise. Tout va trop vite, il s'est passé trop de choses; mon Dieu, pourvu que ma mémoire ne me joue pas de tours, pourvu que ce matin reste présent en moi toujours... Tout va s'évanouir, les temples écroulés, les ruines folles, les coupoles, les fumées, les toits à l'infini...

Elle parle à présent. Sa voix est trop fraîche pour que je perçoive le sens des mots; c'est juste une musique qui plane un instant...

« Ici, tout se tient, religion, misère, soleil, histoire... Tous les siècles ont contribué à faire aux hommes de ce coin du monde une vie invivable. En proposant aux hindous de se tremper dans le Gange pour se débarrasser à jamais de ce monde trop dur, la religion a satisfait le besoin essentiel. Quitter la terre, c'est sortir de l'enfer. »

Les vols de corbeaux et de charognards tournent en cercles larges au-dessus des brasiers. Un frôlement derrière moi : sur les marches poussiéreuses, un rideau de crasse s'est soulevé entre de hauts murs délavés, des yeux fiévreux guettent dans l'ombre... Des chants psalmodiés s'élèvent.

« Lorsque les dieux vous proposent l'autre monde comme bonheur, il y a toujours gros à parier que la situation terrestre des hommes n'a rien de brillant. C'est la loi du marché. »

Je l'écoute. Je l'écouterais toujours dans le déferlement des lumières et des chants funèbres... C'est moi, Friquet, serre tes poings, pince-toi pour éloigner l'illusion du rêve... Le frôlement se précise. Quelque chose est sorti de l'ombre..., une patte de singe se lève dans le soleil, une voix ténue monte.

Je le vois à présent, un enfant peut-être, un enfant-araignée; le bassin mort traîne derrière lui deux rubans de jambes molles, les yeux pleins d'eau sourient dans la face ratatinée. Sanandra l'a vu et le regarde.

J'aimerais savoir ce qu'il y a encore derrière ce

rideau d'ombre; combien de monstres rampent en ces murs grêlés; ils sont la lie de la terre, ou le sel, je ne sais plus. Je me lève.

« Foutons le camp, dis-je, je ne suis pas courageux.

— On continue la visite?

— Pour rien au monde je ne l'arrêterais. »

Ruelles d'enfer. Au-dessus, sur une terrasse éboulée, deux vaches squelettiques mâchent des vieux cartons et des fleurs sacrées et pourrissantes.

Qu'est devenue l'araignée humaine? Cela ressemble à un titre de mauvais roman d'horreur à quatre sous. Ici, elle existe, vivante et pitoyable; l'Inde n'est que l'épouvante de l'Europe...

Au-dessus, dans l'enchevêtrement des toits et des branches, des singes couinent et se balancent.

« Vous êtes née ici?

— Harischandra Road, il y a vingt-quatre ans. Mais c'est très différent. »

Elle rit.

« C'est une très belle maison au milieu d'un beau jardin au cœur de l'Université. D'ailleurs, vous êtes invité. »

J'avale ma salive. Ça, c'est le côté casse-pieds de l'opération qui commence. Présentation aux parents, demande en bonne et due forme, tout le tremblement de la grande bourgeoisie, aussi insupportable que ce soit à Angoulême, Carpentras ou Bénarès. C'est tout de même une bonne chose pour Louis, cela semblerait vouloir dire qu'elle est d'accord, car, si je fais les comptes, je ne me suis guère occupé de son problème depuis mon arrivée. Il serait peut-être temps de savoir. Je toussote préparatoirement.

« Au fait, en ce qui concerne ma mission, est-ce que je pourrais savoir si... »

J'ai son visage tout près soudain; dans les

pupilles chocolat-noisette, je m'aperçois en miniature, tout collant, tout misérable.

« Je vous propose un pacte : on n'en parle pas. »

C'est net et sans bavures. J'avale ma salive. La petite main robuste s'est posée sur mon bras.

« Je vous donnerai ma réponse à votre départ; ce n'est pas du sadisme de ma part, j'ignore encore si je serai ou non votre belle-fille. »

Je me gratte la tête.

« Pourquoi vous grattez-vous souvent la tête ?

— J'extériorise ainsi ma perplexité. »

Nous rions ensemble, idiotement. Les singes piaillent comme des oiseaux.

« Je m'appelle Jean-François, dis-je... Je pense que vous l'ignoriez.

— Enchantée. »

En contrebas, le fleuve brille comme la lame d'une épée nue.

« Je partirai dans huit jours, ne vous sentez pas obligée de m'accompagner tout ce temps.

— Dès que je m'ennuie, je vous quitte et vous vous débrouillez seul, O.K. ? »

Dures, les Indiennes, mais elle l'a dit vraiment gentiment. J'ai envie de lui prendre la main et de continuer la balade en balançant nos bras comme les enfants dans la cour des écoles. Huit jours avec Sanandra et je n'ai pas de crainte, moi qui appréhende dans les salles d'attente de passer trois minutes avec des gens que je ne connais pas.

Nous avançons dans l'atroce et la beauté. Dans les flaques de pluie croupissent les mendiants que photographient les touristes... Dans les ruelles qui cernent le temple de Râma, des enfants vendent quatre grains de riz cuits dans des feuilles d'eucalyptus étroites et plates. Les affamés marchent, les yeux à terre, et ramassent les coques vertes jetées après avoir été vidées de leur contenu... Peut-on vivre longtemps en léchant des feuilles grasses? L'homme devant moi mâche les nervures vertes, les yeux brûlés de mouches.

L'eau coule des balcons; le long des façades sculptées, des chèvres broutent des épluchures de bananes.

« Vous êtes restée longtemps en France?

— Trois ans... J'y ai mené la vie d'une étudiante fortunée. Certains soirs, dans les restaurants du Quartier latin, je mettais mon sari pour voir les hommes se pousser du coude. »

Elle rit; dans la lumière verticale, les couleurs du vêtement se fanent brusquement et elle paraît soudain vêtue d'une neige glacée et merveilleuse — Sanandra prise dans le gel de l'étoffe.

« J'ai aimé Paris, je l'aime toujours, mais... j'aime aussi ce pays de désespoir et de mort. Ces cadavres que l'on brûle, ce sont les miens... »

Les bateaux sillonnent le fleuve tandis que les pèlerins s'installent dans la boue qui ruisselle; ils dormiront face au Gange sur les dalles humides. Là-bas, sur l'autre berge, le monde s'arrête avec les dernières vases.

Elle parle encore. Nous redescendons vers l'est de la ville.

« Nous ne nous sauvons pas, dit-elle, simplement parce que nous n'en avons pas envie. Notre peuple n'a jamais eu le moindre avenir parce qu'il n'a même pas la notion qu'il puisse en exister un. Nous ne progressons pas car notre présent est éternel... Demain et hier seront et ont été le même, c'est pourquoi nos dieux ne bougent que pour l'amour; le reste du temps, ils sont assis... »

Derrière nous, les robes orange de bouddhistes rasés. Leurs longs bâtons s'enfoncent dans les bouses et ils avancent, les pans du tissu relevés jusqu'à l'entrejambe pour les protéger des excréments... Voici de nouveau des bûchers, les hommes tournent dans la fumée.

Sanandra s'arrête soudain et me sourit.

« Je ne suis pas un bon guide, dit-elle; je ne suis pas un bon guide, car je ne sais plus où j'en suis. »

Il n'y a pas de tristesse dans sa voix, mais quelque chose y vibre pourtant.

« Vous auriez dû prendre un des gosses de la place, il vous aurait fait visiter les fabriques de tissage, vous auriez bu du thé et...

— De toute façon, c'est trop tard; maintenant, Bénarès, pour moi, ce sera vous. »

Pourquoi ai-je dit cela? Depuis que nous déambulons entre ces terrasses effondrées, ces escaliers de vertige, sous ce soleil fou, parmi les statues contournées et ces hommes qui leur ressemblent, je n'arrête plus de prononcer des phrases qui me surprennent moi-même, comme si le lieu de la fin de toute vie était aussi peut-être celui de la fin de tout calcul.

« Louis ne m'a jamais parlé ainsi...

— Je suis d'une génération à compliments... Très exactement ce que vos copains du Quartier latin doivent appeler la génération des vieux cons. »

Est-ce qu'ils ont couché ensemble? Voici la première fois que j'exprime en termes clairs la question qui me tarabuste depuis notre rencontre au bar hier soir... Je me demande bien pourquoi cela me parcourt les hémisphères cérébraux... Je sais parfaitement que je n'en ai strictement rien à faire et, en même temps, cela m'ennuierait prodigieusement que la chose ait eu lieu. Mystères insondables de l'humaine bêtise!

Deux Indiens passent en cravate, vernis et complet Samaritaine, parfaitement incongrus dans les fumées des crémations et le vol lent des vautours.

« Louis vous a parlé de moi ? »

Elle secoue la tête.

« Louis ne parle guère, c'est moi qui ai fait la conversation le plus souvent. Vous êtes plus bavard que votre fils.

— Et encore je suis intimidé, dis-je; d'ici vingt-quatre heures, vous allez constater l'incroyable métamorphose, le papillon après la chrysalide. »

Des rapaces décollent d'un vol lourd, des plumes plus longues se détachent à l'extrémité des ailes déployées; tatillons et précautionneux, ils se perchent sur les niches de la tour, sur les saillants des bas-reliefs.

« Je ne suis pas très fier de lui, dis-je, j'ai dû louper son éducation; tout dépend de la façon dont on considère le silence : j'ai cru longtemps que c'était une vertu, car je pensais que se taire était en penser long; j'avais des modèles au cinéma d'hommes durs et taciturnes qui savaient beaucoup de choses. Aujourd'hui, je me demande si l'on ne se tait pas parce que l'on n'a rien à dire.

— Vous croyez que c'est le cas de Louis ?

— Je ne sais pas grand-chose sur son cas; je sais simplement, mais de cela j'en suis sûr, que nous ne devons pas assez nous aimer. »

C'est peut-être en cet instant qu'il faut voir la ville, quand l'ombre fuit et que tout vire au crime et que l'Inde n'est plus que ce drame sanglant et splendide... Déjà le ciel est plus mauve, un cuivre sertit les peaux brunes et l'orgie somptueuse éclate : le plus beau décor de l'univers, le plus puant, le plus théâtral, la merde et le sacré... Avec le soir viendront les grandes pluies...

« Si vous ne l'aimiez pas assez, vous ne seriez pas là. Il vous l'a demandé et vous êtes venu. »

Ses mains sont robustes et étroites, mais dire

cela ne veut rien dire sinon que je me demande si elles ont couru sur les épaules de mon fils, si elles ont fourragé dans les longs cheveux ternes. Bon sang, mais qu'est-ce que cela peut me faire qu'elle ait couché avec lui ou pas... Ils sont bien assez grands et cela n'a aucune importance... Pourquoi alors est-ce que cela m'emmerde autant de supposer qu'ils l'aient fait...

Un oiseau fiché sur la bosse d'un buffle s'envole et grimpe au ciel comme une libellule, en crochets zigzagués.

Nous redescendons vers les eaux; ici, des femmes peignent leurs cheveux lustrés d'une eau sacrée. Des cadavres encore sur les boues de la berge... A l'endroit où l'on jette les cendres, une fillette se fait un shampooing moussant : elle plonge sa tête ruisselante dans le Gange et essore sa chevelure interminable, elle rit avec un bébé nu qui, les fesses au ras de l'eau fétide, cherche à noyer les mouches qui lui collent les yeux.

« Je ne comprends pas; se baigner ici est le but de toute une vie et regardez-les... »

C'est vrai qu'il n'y a aucun recueillement en eux; ils lavent leur linge, ils se baignent, jacassent, plaisantent, jouent... Une ruche bourdonne.

« Vous êtes d'une civilisation où la religion s'impose par des marques de respect, ce qui la différencie du profane. Mais, ici, il n'existe pas de profane, tout est religion; le sacré est donc inutile, il est dans les gestes de tous les jours : se moucher, boire, dormir... Nous avons la religion naturelle. »

Derrière nous, sur le mur vertigineux d'un palais, une inscription à la chaux en urdu et en anglais : *Votez pour le Front démocratique. Libérez les prisonniers politiques.*

« Tout le monde n'a pas l'air de se baigner

dans le Gange, dis-je, il semble y avoir des préoccupations plus terrestres. »

Elle ne répond pas... Sujet tabou, sans doute...

Angle d'une placette couleur de braise, une vieille aux orbites creuses, desséchée et psalmodiante, dont les lèvres rongées de lèpre découvrent les gencives. Sanandra, nous n'avons pas de chance, nous pouvions nous rencontrer à Venise, à Amsterdam, rue Caulaincourt, et nous voici dans cet opéra de cent mille douleurs, cette longue chanson de pierre, funèbre et brûlante... Jamais plus nous ne serons insouciants... Jamais nous n'oublierons sous quel signe nous nous sommes rencontrés, il n'y a pas de lieu plus terrible sur la planète, et comme j'aurai du mal à te faire rire, comme tout sonnera faux désormais...

Ne t'énerve pas, Toto, reste calme...

« Vous veniez souvent ici, enfant ? »

Nous revoici le long des berges. La foule brûle, plongée à mi-corps dans les eaux moirées.

« C'est ma ville, mais j'ai peu de souvenirs des Ghats. Quelques randonnées d'écoliers, quelques courses folles les matins de processions, mais mes parents m'interdisaient de jouer le long du Gange. Je n'en savais pas la raison, ce n'est que plus tard que j'ai compris leur peur de la lèpre, la crainte que ce spectacle ne blesse la fillette que j'étais; et puis aussi le fait, bien qu'ils soient peu pratiquants, que l'on ne joue pas avec les dieux... Ajoutez à cela l'orgueil d'appartenir à une haute caste et vous saurez les raisons pour lesquelles je fus une enfant enfermée jouant dans une cour sur les fresques du carrelage, sous la statue de Shiva qui ruisselait d'eau tout l'été. C'était comme une grotte verte, toujours mouillée, un puits frais où se noyaient les chaleurs du jour; j'y alignais des poupées d'argile peintes. »

Je la regarde. Les yeux immenses fixent le

passé : le paysage s'y blottit en longues parallèles;
ce sont les plaines là-bas, Bénarès en ruine, éter-
nelle, fourmillante...

Qu'ai-je de commun avec celle qui fut, il y a
bien peu de temps, cette fillette d'un autre
monde?... J'enfilais des autobus et des métros,
j'alignais des pourcentages parmi les brouillards
d'un monde technique, tandis qu'une enfant
accroupie sur des dalles chaudes remuait des statuettes sous l'effigie d'un dieu... Comme rien ne
fut commun dans nos vies, comment pourrions-
nous nous connaître?... Il est stupide de penser
que nous pourrions avoir une façon de réagir
semblable...

« Il y eut longtemps un mouton dans le jardin
de la maison; j'ai trouvé le berger mort un matin
et je me souviens avoir joué longuement avec le
corps comme avec un jouet cassé; je lui levais le
bras qui retombait toujours et je pensais que la
mécanique ne marchait plus et que c'était
énervant... »

L'enfant à qui la mort fut familière... Je n'ai vu
mes premiers cadavres qu'à l'armée, et encore
pas beaucoup... Toi, tu vivais, gambadant d'une
mort à l'autre. Que tout cela est lourd à traîner!...
Il y a entre nous tant de portes si lourdes que
nous ne pourrons jamais les entrouvrir pour nous
y glisser... Nous ne nous rencontrerons jamais...

La barbe blanche couvre toute la poitrine, les
deux narines sont traversées d'un anneau large
de cinq centimètres. Il tend une serre vers moi,
les doigts repliés vers la paume, un geste mi-
menace mi-imploration qui m'est déjà familier...
Le faciès est épais comme celui des aborigènes
australiens... Son pagne est lacéré, les testicules
bringuebalent. Les cheveux sont dressés, mainte-
nus en mèches longues et droites par une graisse
puante. Il murmure quelque chose entre ses

dents taillées à la meule en triangles réguliers comme des canines de chien.

« Il charmait les serpents, mais son dernier cobra est mort, me traduit Sanandra; ne lui donnez rien. Si vous sortez seulement une piécette, ils vont surgir; nous avons l'air d'être seuls ici, mais on ne nous quitte pas des yeux depuis notre arrivée. »

Je me retourne. Derrière les péristyles, les encorbellements, dans la nuit des ouvertures étroites que masquent des statues, stagnent des silhouettes prostrées, une humanité rampante, humiliante parce que jamais humiliée.

Sanandra a dit quelque chose en hindi. Le barbu s'arrête net et recule. Ses yeux disparaissent sous la paille des sourcils.

Elle n'a jamais paru si bouleversée... J'ai cru que ce détachement qu'elle affiche depuis le début de notre arrivée au cœur de la ville était dû à l'habitude; je me demande à présent s'il n'était pas joué; peut-être existe-t-il des choses auxquelles on ne s'habitue jamais.

« Je les hais parfois », souffle-t-elle.

Je sens la sueur couler dans mon dos entre les omoplates. Il n'est pas possible que la pluie vienne, jamais un ciel ne fut plus implacable, jamais un tel bleu n'exista autre part qu'ici et qu'aujourd'hui, un saphir chauffé à blanc, un diamant brûlant... Pourtant, il pleuvra ce soir, des gouttes épaisses et serrées, tambourinant sur chaque pierre de ce monde.

Nous marchons le long des grands palais d'autrefois dont les murailles s'ornent d'affiches de cinéma et de slogans politiques : des graffiti, une faucille et un marteau, des inscriptions encore...

« Cela m'arrive plus rarement à présent, mais, après mon retour d'Europe, il m'est arrivé de frapper un de ces mendiants d'un coup de pied.

C'est une amie qui m'a arrêtée. Je revois encore cet homme aplati dans le sable, je pouvais l'écraser comme un ver et il ne cessait pas de demander pardon; s'il avait pu n'avoir qu'un sursaut de révolte, si faible soit-il, il m'aurait donné de l'espoir pour le reste de ma vie. »

Que lui dire? Il doit être dur d'avoir honte des gens que l'on aime.

Des psalmodies, très haut au-dessus de nous : elles viennent des balcons en ruine. Entre les blocs, au milieu des autels renversés, des hommes couchés sous d'immenses sacs de pommes de terre se sont installés là. Un feu de feuilles sèches brûle, presque invisible dans la chaleur, l'air tremble entre leurs visages d'ébène. Ils ont des faces mongoles plates et sans vie, écrasées par la paume de dieux sans pitié; leurs torses sont striés de lignes farineuses.

« Des Todas, dit Sanandra. Ils vivent dans les montagnes, dans le Tamil. Ce sont des nomades... Ils repartiront vers le sud lorsque viendra l'hiver. »

Au sommet du palais, dans l'or de la lumière, un homme accroupi face à l'eau s'installe sur la tour du plus haut sanctuaire de pierre rouge et s'enroule dans un drap mouillé, statue immédiate et drapée découpée sur le fond du ciel.

Il y a trop de tableaux, trop de splendeurs, trop de tout soudain; je sens une fatigue, un tourbillon, rien dans ma vie ne fut plus différent, plus coloré, plus terrible, si terrible qu'il me semble déjà avoir oublié le reste et moi-même, le petit bonhomme grisâtre et médiocre, rat piégé, qui court dans les méandres de la ville et qui n'ose jamais dire ce qu'il pense. Tout mon passé soudain s'amenuise; fallait-il que je vienne ici, à Bénarès, pour me rendre compte que je n'ai rien vécu qui en valait la peine? Quelle est cette magie, quelle est cette fille?

« Qui êtes-vous, Sanandra? »

Il faut que cela aille mal, que je sois soudain désemparé pour poser une question aussi stupide. Je me sens si seul et si vide que je donnerais dix ans de ma vie pour être un touriste qui passe en kodak et bermuda fleuri avec le seul souci de ne pas louper ses clichés...

« Je suis une brahmane. Une brahmane 1978. Vous ne pouvez pas imaginer le bon ménage que cela peut faire. C'est à peu près comme si vous mettiez Gandhi et Lénine dans le même bocal et que vous agitiez le tout. »

Par une faille des remparts, on distingue l'entrecroisement infini des ruelles. Les arbres poussent dans les pierres des murs, les troncs ont pris la couleur rouillée de la cité et les contorsions immobiles des racines miment la folie des sculptures, des branches emmêlées suggèrent l'emberlificotement pétrifié de Shiva. Il existe une harmonie peut-être dans tout ceci..., une harmonie que Sanandra refuse ou n'a pas encore trouvée.

Voici la fin des Ghats, les hautes marches s'embourbent désormais dans les berges aux glaises liquides; une humanité vit là, à demi aquatique, des tribus par tentes espacées. Dans les intervalles somnolent des chameaux accroupis, couleur de terre.

« Je dois rentrer, dit Sanandra, il est midi.

— Je vous accompagne. »

Une barque glisse sur l'eau plate. Au gouvernail, l'homme est noir déjà dans les reflets d'or du contre-jour; avec son turban, il joue à être le dieu du fleuve, le dieu Gangâ, celui-là même qui, un jour, avala la mer où s'étaient réfugiés tous les péchés du monde et qui désormais purifie toute chose de ses gouttes précieuses, divinité liquide et adorée.

Elle fait un pas en arrière comme pour m'accorder un répit, un temps de solitude devant ce spectacle auquel je ne puis m'arracher, comme si, dans cette courte grâce, dans ces secondes, je pouvais ramasser en moi tout l'or, tous les dieux, toute la purulence de la ville étalée sous le soleil qui, sans trêve, la brûle et la bénit.

« Vous êtes moins grand que votre fils. »

Je me gratte la tête.

« Je suis plus petit que mon aîné et moins costaud que mon fils cadet; d'une manière comme d'une autre, il n'est pas difficile de me reconnaître : je suis celui qui, entre ses deux enfants, ne ressemble pas du tout à leur père.

— Quel est votre métier? Louis a dû me le dire, mais...

— Louis ne vous a certainement rien dit et, pour vous éviter de périr d'ennui, je ne vous dirai rien non plus. On dit des types dans mon genre qu'ils ont un emploi de bureau; je voudrais ajouter, et je ne comprends pas pourquoi je ne l'ai pas encore fait, que votre sari est splendide. »

Interloquée, Sanandra. Moi aussi, d'ailleurs, je suis encore plus surpris que les autres lorsque je produis en eux une surprise.

Elle me regarde et ses yeux, dans la lumière rasante, se baignent dans la transparence de l'été furieux. L'odeur des corps brûlés joue un instant avec le parfum des fleurs violentes que les marchands en tailleur, tapis dans des niches de pierre, vendent pour des offrandes à des autels minuscules.

Un homme sans visage heurte un gong de cuivre et un pouls prodigieux bat maintenant dans la veine du fleuve. C'est alors le cœur de l'Inde qui résonne jusqu'au ciel par la grâce de cette main décharnée. Sous les hardes qui le masquent et l'encapuchonnent, c'est Gangâ qui est là en personne et qui frappe la mesure de la vie.

Sanandra n'a pas bougé. Je la regarde et la regarderai toujours ainsi, fille dressée dans le cuivre du soleil, tandis que le temps se fige, scandé par les tambours, et qu'il me semble que l'amour commence à Bénarès.

Couloir de l'hôtel. J'enregistre vaguement une surprise sensitive : l'habituelle association pénombre-fraîcheur s'est disjointe. Tout est sombre entre ces murs, mais tout est tiède encore et toujours.

Ventilateurs.

La clef dans ma main est le seul élément dur de ce monde; peut-être se tordra-t-elle, vermicelle de fer vaincu par les chambranles de ma porte. Pourtant, je distingue quelque chose à terre, quelque chose qui a été glissé : un papier.

Impression de malaise; je ne sais pas encore ce que c'est, qui a mis cela, mais je sais déjà que cela ne peut être bon... La peur n'est peut-être rien d'autre que ce vide au creux du ventre lorsque je me baisse... Une blague... Aucun sens...

Une photo. Une photo de journal.

Je la ramasse. Avant de refermer la porte, j'ai regardé des deux côtés du couloir comme si j'étais épié... Je suis ridicule, j'ai vu trop de films... Une odeur flotte, un parfum sucré et vaguement funèbre : des fleurs de Toussaint quand il a plu...

Les rideaux relevés laissent tomber la lumière du soir, épaisse comme un sirop.

Je n'ai jamais vu cet homme.

Un Indien en chemise européenne, cravate stricte. Ce qu'il y a d'un peu effrayant, c'est qu'il n'offre aucune particularité : moustache régulière, les grands yeux sombres, les lèvres ourlées, cheveux épais et plaqués; la brillantine maintient le frisottis. Le front haut... Un type intelligent..., un étudiant... ou un professeur, trop âgé pour être étudiant, bien que... Trente-cinq ans environ.

Tachycardie.

Je me pose en douceur sur le fauteuil sans effleurer les accoudoirs. Calme-toi, Friquet, un papier et tu t'affoles. Ce n'est pas sérieux.

Mais pourquoi à moi ? Pourquoi ce visage grave dans ma chambre ? Je ne connais personne ici, à part Sanandra. Derrière, ce sont les programmes de cinéma... Si j'étais flic, je pourrais retrouver la date. Le papier a l'air vieux, mais, ici, rien n'est neuf.

Bilan : vingt-quatre heures dans la stupeur, Sanandra, et ce soir un homme sur la moquette; pas de nom, une tête. Tout découpé aux ciseaux, proprement... Peut-être l'amoureux d'une femme de chambre... Comme les dactylos qui collectionnent les photos de stars... C'est peut-être un acteur, il n'en a pas l'air, mais...

L'Aventure. Je suis dans l'Aventure et j'en ruisselle.

C'est qu'il me fixe toujours, ce bonhomme. Et l'air de se foutre de moi en plus. Il ne sourit pas, mais il y a quelque chose dans l'œil qui me dit qu'il n'a guère de considération pour ma petite personne.

Allez, hop, des papillotes et on n'en parle plus.

Ça lui apprendra, à la mignonne, de ne pas faire davantage attention à ses idoles.

Non, ce n'est pas ça, la photo aurait été pliée, elle aurait porté des traces de doigts, elle aurait été moins... Sherlock Holmes. Manque plus que la loupe.

Arrête, détective. Arrête et dors.

Qui est cet homme ?

D'où vient cette odeur ? Pas de fleurs dans la chambre pourtant... Quelqu'un est passé et a laissé cette empreinte dans l'air. Je n'en ai jamais senti de semblable. Une senteur de mousse gorgée d'eau avec, au milieu, une purée douceâtre de pétales... Une impression de mort lavée... Qui peut bien utiliser une lotion pareille ? Si c'en est une... Un parfum malade comme une sueur.

J'ai envie de rire quand même. L'excitation. C'est bien mieux que les films. Si seulement la chaleur pouvait tomber ! Degré par degré... L'escalier des thermomètres... Première nuit sans pyjama depuis trente-cinq ans... Un professeur, sans doute...

Sanandra.

Quelqu'un a glissé volontairement cette photo sous la porte, elle n'est pas venue seule.

Ou alors une erreur. La pagaille typique des réceptions dans les hôtels du tiers monde, mais pourquoi alors...

Oh ! zut ! zut et zut.

Demain.

VII

La neige du sari est celle qui dort, épaisse et
étouffée, sur les versants d'ombre des hautes
montagnes. Sanandra se dresse, nimbée de froid
cassant, cernée de plis de givre. Le contact de ses
bras nus sur la soie glacée me fait frissonner,
malgré la chaleur déjà haute. La moire immacu-
lée est longée d'un trait d'or unique et définitif,
refusant l'artifice des méandres et des arabesques; rien dans le vêtement n'est décoratif ni
inutile, ce fil rectiligne et doré est nécessaire pour
que resplendissent davantage les eaux froides du
péplum.

Sanandra, vêtue d'hiver profond et de plis de
nuages.

Il est neuf heures, second day in Bénarès. Finalement, j'ai dormi comme cela m'arrive peu. Elle
siffle d'admiration. Ça, c'est magnifique : c'est
moi qui l'admire et c'est elle qui siffle. Il faut dire
que ce matin, mijotant au court-bouillon dans le
nylon de ma chemise, je suis entré dans un bazar
pour m'acheter une chasuble de coton flottant;
j'ai vu large, car les pans me descendent jusqu'aux genoux, mais c'est plus frais. Il a plu sans
doute toute la nuit; ce matin, un ban de brume

flottait, masquant les toits, mais le soleil a séché le déluge en trois lampées rapides.

« Quelques minutes pour le petit déjeuner, dit-elle; j'ai fait le programme de la journée : le Chowk et le temple de Dourga, c'est à l'extérieur de la ville. Vous êtes prêt ? »

Je m'élance en chevreau. J'ai quinze ans. Je vais passer un jour avec elle et ma chemise est neuve. La salle à manger de l'hôtel est presque déserte, simplement quatre Japonais super-lourds aux mollets triomphants et caméras scintillantes et un couple d'Allemands vénérables et corsetés; lui semble inciter toute la Wehrmacht à sauter hors des tranchées dès qu'il demande une tartine.

Nous nous installons à l'écart et j'ouvre la bouche pour me lancer dans l'une de ces anecdotes impayables qui ont fait mon succès, lorsque éclate une voix en forme de cor de chasse :

« Sanandra Khanna ! »

Il est déjà là, moustache tirée au pinceau, bide en poire, pli du pantalon en rasoir, quatre mentons, godasses-compromis entre l'aristocrate anglais et le proxénète sicilien, sourires et gomina, mélange de Clark Gable et de Tartarin de Tarascon, avec quarante kilos de trop. Sanandra se pousse pour lui faire place et il déborde déjà du siège tandis que je serre une main en forme de jarret de veau et que mes narines subissent l'agression immédiate d'une eau de toilette lavande-de-patchouli mentholée qui me noie d'un coup dans les suffocations.

« M. Jean-François Varnier, un ami français. Antoine Cenderelli, correspondant en Inde de l'Agence France-Presse. »

Déjà deux boys sont aux ordres et repartent à toute allure avec la commande du nouvel arrivant; il est question de toasts, de confiture, de café, de jambon frit, d'œufs brouillés, de jus d'orange et de whisky indien.

Sanandra me regarde avec une lueur de malignité tandis que j'émerge de l'océan des parfums.

« Alors, tonitrue Antoine, premier contact avec le pays ou vieux routier de la région ? »

Je mords dans ma tartine à la lavande.

« Premiers contacts, dis-je.

— Impression ? »

J'avale une gorgée de café au lait mentholé.

« Indicible, dis-je. Mlle Khanna est un guide fantastique. »

Eclat de rire qui manque soulever la table et dégage un orage de patchouli.

« Vous avez de la chance d'être tombé sur elle. Vous êtes allé voir Kharandastir ? »

Sanandra ramène un pli de son sari sur l'épaule.

« M. Varnier n'est là que d'hier. »

Le journaliste ébranle la table de sa fourchette.

« Il faut voir Kharandastir. Ce sont des ruines magnifiques. Une ville folle. Ce sont les Persans qui ont fait cela. Enfin pas les Persans, les... comment déjà ? »

Il met ses deux index à l'extrémité extérieure de chacun de ses yeux et tire sur la peau; les pupilles disparaissent.

« Les Chinois ? » dis-je.

Sanandra s'étouffe dans son thé. Cenderelli avale deux œufs d'un coup et enfourne des serpentins de jambon frit.

« Non, les Mongols. Enfin pas les Mongols, ceux qu'ils appellent les Moghols, des types avec des moustaches et des sales gueules, les Tartares, quoi... »

Il engloutit son jus d'orange et je suis étonné de le voir reposer son verre sur la table; j'ai cru qu'il l'ingurgitait avec.

« Pas vraiment des Tartares, des mecs qui venaient de... »

Son bras désigne vaguement le bar derrière lui, les hordes de Gengis khan vont surgir de derrière le comptoir.

« Enfin qui venaient de plus haut, bref, des brutes. »

Définitif et enrichissant : la ville de Kharan... quelque chose a été construite par des brutes. J'en apprends des choses en Inde.

Sanandra me regarde; la connivence monte tandis qu'Antoine s'empiffre dans les nuages de senteurs violentes qui jaillissent par flots ininterrompus de chaque pore de sa peau; même la confiture de myrtilles sent l'eau de Cologne.

« Vous irez voir les sculptures érotiques ? Tous les touristes vont voir les sculptures érotiques; c'est pas mal, remarquez... Moi, personnellement, je trouve que les Indiens attachent trop d'importance à la chose, vous voyez de quelle chose je veux parler ? »

Je proteste que je ne suis pas complètement idiot, mais il ne m'écoute visiblement pas. Elle s'est réfugiée dans ses voiles immaculés et contemple le spectacle. Le journaliste, du jaune d'œuf sur le troisième menton et de la confiture jusqu'aux oreilles, est lancé.

« L'erreur, c'est que tout ce qui est du sexe est sacré, et à mon sens c'est exagéré, et en plus de ça les Anglais n'ont rien arrangé du tout. Pas de pot, les Indiens, non seulement ils ont eu Vichnou, mais en plus ils se sont fadé la mère Victoria qui les a encore plus coincés qu'ils ne l'étaient. Le résultat est épouvantable : six cents millions d'habitants, pas un bordel et les militaires se tiennent dans la rue par le petit doigt. Venez dîner chez moi demain soir. C'est O.K. ? »

Soûlé de paroles et de senteurs, je regarde

Sanandra qui, à ma surprise, accepte. Je remercie
Antoine Cenderelli à l'avance. Je viendrai avec un
masque à gaz et des boules Quiès.

Dehors dans le soleil, c'est la ruée des conduc-
teurs de rickshaw, des mendiants; revoilà l'Inde.

« Pourquoi avez-vous accepté ?

— Il dit d'énormes bêtises, mais il connaît très
bien la politique indienne; c'est le meilleur spécialiste de l'économie asiatique qui puisse exister...
et puis il a un excellent cuisinier et vous rencon-
trerez chez lui des gens intéressants. »

Les roues tournent, le dos nu du conducteur
est plat et creusé comme une tuile à l'envers. Je
me demande s'ils prennent double tarif lorsqu'ils
transportent Cenderelli.

Voici le Chowk.

C'est le quartier des artisans. L'écheveau des
ruelles semble noué par un dieu maladroit ou
machiavélique.

Des enfants luisants et doctes massent de longues minutes un visage qui vient d'être rasé; cela
vaut une piécette, de quoi manger pendant huit
jours.

L'odeur des épices et des fruits trop mûrs plane
si dense qu'en remuant les bras on a la sensation
de pouvoir l'écarter.

« Lorsqu'un marchand des quatre-saisons de la
rue Lepic est fatigué, il danse d'un pied sur l'autre et devient de mauvaise humeur. Ici, sur le
marché du Gange, il pousse ses légumes et se couche sur la charrette. »

Sanandra rit.

« Et celui qui pourrait expliquer pourquoi l'un
fait cela et l'autre autrement serait le plus grand
savant en sciences humaines de tous les siècles. »

Ruelles des souks protégées par des toits de
palmes et de chiffons. Il fait si sombre qu'en
plein jour brûlent les lampes à huile. On carde le

coton dans des placards de deux mètres cubes. Il fait cinquante degrés.

Le bras de Sanandra reste frais. Cela participe des mystères environnants.

Tintamarre des marteaux; des enfants au crâne rasé déroulent les cylindres des boîtes de conserve et les clouent ensemble, les plaques assemblées deviennent des mallettes minuscules dans les mains d'un vieillard trente centimètres plus loin. Un Indien peut fabriquer un camion de quinze tonnes sur une surface grande comme une table de cuisine avec un marteau et quelques clous.

Dans un carton d'emballage, un cul-de-jatte répare les crevaisons des pneus de bicyclette en fondant le caoutchouc sur la blessure; il entretient un brasier de brindilles dont la fumée monte le long des falaises des temples suspendus dans le vide. Nous sommes une densité d'un million au centimètre carré.

Je ne saurai jamais les noms de tous les dieux. Dans les échoppes, ils se chevauchent en cavaleries de cuivre et de bronze, entrelacés de serpents-spaghetti... le coin des Américains amateurs de bric-à-brac et de fausses antiquités. Une main soulève un diable de bronze ventru et vert-de-gris qui tire une langue démoniaque; la main est délicate, une main féminine, sans os apparents. Mes yeux remontent le long du bras que couvre une veste d'homme d'un blanc de cygne. C'est un homme en effet, des joues lisses parfaitement épilées; il examine la statuette et tout s'arrête d'un coup parce que j'ai senti le parfum.

C'est celui qui flottait hier soir...; la photo : les tombes mouillées mêlées à l'odeur de sucre, le lent pourrissement des corolles. La vie s'est figée, prise dans un gel de peur.

Je sais que je l'ai déjà vu; je sais même parfaitement où... Il était hier sur les berges à Kedar Ghat et il prenait des photos du fleuve... J'ai même pensé qu'il avait dû nous prendre avec le paysage, nous devions être dans le champ et...

« Regardez celui-là. »

Elle me tend un monstre à six têtes juchées sur un paon. L'odeur augmente, douloureuse.

« C'est Skanda, le chef de l'armée des bons esprits. »

Ne bouge pas la tête, Friquet, ne t'affole pas...

Cet homme n'est pas dangereux, cette rencontre est un hasard et c'est tout; les touristes se retrouvent toujours dans les mêmes endroits, ne commence pas à voir du drame dans chaque...

Sanandra repose la statue et, lorsque je me tourne vers elle, la peur me saute au ventre : elle est pâle. Elle le connaît aussi, je le sais, et elle vient de l'apercevoir.

« Qu'y a-t-il, Sanandra ? »

Ma voix ne m'appartient plus; c'est celle d'autrefois, celle de tout petit lorsque j'ânonnais une récitation que je ne savais pas.

Elle dégage son poignet que je dois serrer trop fort; les mots ne passent pas. Cette fois, il faut que je sache.

Le démon grimace sur la tablette, sa langue touche son nombril sphérique. L'homme l'a reposé; seul le parfum flotte encore. Il y a un vide à côté de moi.

« Qui était-ce ? Vous le connaissiez ? »

Elle fait non de la tête et m'entraîne.

J'ai son visage gravé en moi, je m'en souviendrai toute ma vie : la face la plus douce que j'aie jamais vue, sans angles, une eau qui coule, délicate, et la fente entre les paupières, deux rasoirs glacés comme un hiver. Fragile et mortel...; un costume blanc comme devaient en porter les Anglais de la belle époque.

Je dois le retrouver. Je l'avais là, j'aurais pu lui demander à quel jeu imbécile il jouait. Tout se recoupe parfaitement : il a glissé la photo sous ma porte, il nous a photographiés hier, aujourd'hui, il nous suit... Mais pourquoi tout cela? Est-ce qu'elle peut le savoir? Bon Dieu, je vais filer d'ici, je ne suis pas courageux, moi, un rien et je frissonne... Elle ne parlera pas. Quel lien entre elle et cet être blanc et lisse au parfum suri?...

Oublie, oublie tant que tu peux, n'en parle pas, ne romps pas le charme.

A la hauteur d'un troisième étage, un manguier s'élance, arbre colosse dont les branches plongent dans les pierres d'un autel descellé où finit de mourir Shiva et sa danse arrêtée. Dans le cœur du dédale, les buffles bloquent les rickshaws dans les cris en tempête.

« Il y a une place là-haut, ce sera plus calme. »

L'Inde crie, les charrettes couinent de tous leurs essieux faussés... Des fillettes dans nos jambes tendent des mains sans doigts où fanent des fleurs pourries.

Un tournant encore et voici la place; un arbre pousse au milieu et il fait frais soudain sous l'ombrage, un puits au centre cerné de cruches d'argile et de pots de cuivre. Aux balcons sculptés de statues de bodhisattva, des hommes fument des pipes à eau, assis sur le trépied de leurs fesses et de leurs talons.

Sur la margelle, les singes jouent languissamment.

« Louis aimait cet endroit. »

Pourquoi la rupture soudaine du pacte? Nous nous étions promis de n'en pas parler, alors pourquoi? Et pourquoi cela me peine-t-il?

Je sais qu'elle ne l'aime pas assez pour tenter de retrouver avec moi les émotions qu'elle eut avec lui, car enfin, si tu l'aimais, Sanandra, tu n'aurais pas tari de questions à son sujet.

« C'est drôle, il faut que Louis vienne à Bénarès pour que je me rende compte qu'il est capable d'aimer enfin quelque chose et quelqu'un. »

Une vache à cornes blanches et hautes comme des lyres fixe les berges du Gange du haut de l'à-pic des escaliers.

« Il a tout trouvé ici, dis-je, une ville, une vie et une femme. »

Elle caresse les flancs d'une cruche. Devant nous, des fillettes en guenilles se sont assises et tendent en un geste immobile leurs bouillies de fleurs. Elles pourraient rester ainsi des jours entiers.

« Vous ne vous ressemblez pas, dit-elle soudain.

— Je suis plus vieux que lui. »

Sanandra sourit.

« Je pense qu'il n'est pas plus jeune que vous. »

Mon Dieu. Je suis venu ici, de l'autre bout de la terre, et je m'entends dire cela, moi, Friquet, le roi de la Réussite Tout Terrain. Tu pourrais profiter du fleuve et de l'éternité de cette ville-sépulcre pour dresser un bilan de ta connerie de vie loupée, pour marquer un temps, faire le point; mais non, penses-tu, bagatelles d'abord, fais le joli cœur, va, grand gâteux, fais le galant dans ce décor de fin du monde, dans les odeurs de charnier, cela te va bien, fais l'amoureux tandis que les prières montent en contrebas des boues de la rivière.

« Je ne le comprends pas, dis-je, et je le regrette de moins en moins. Je crois que nous sommes devenus indifférents. »

Le martèlement tamisé du quartier des ferblantiers envahit mes oreilles; sur la gauche, ce sont les tanneurs, plus bas, les ébénistes, très haut au-dessus des dômes tournent les rapaces. Des chants encore.

« De toute façon, si je suis ici, c'est aussi parce que... »

Trop de salive soudain. Quelle chaleur !

« ... parce que je voulais un peu me sortir du reste de la famille, ce n'était pas tellement pour lui rendre service. »

Voilà, je l'ai dit. Ça ne m'a rien coûté, c'est sorti parce que le soleil beurrait les pierres de la place, parce qu'il était bon soudain de vivre près d'elle, dans cet échafaudage périlleux qui croule doucement dans les eaux vertes des berges.

« Vous ne m'avez pas encore parlé d'elle, dit Sanandra.

— Qui, elle ?

— Votre femme. »

Simone en bigoudis et rouleaux de romans-photos sous chaque bras, assise face au Gange, les fesses sur un bûcher incandescent.

« Je n'en parle jamais beaucoup, dis-je, je n'ai guère d'inspiration à son sujet. Disons que Simone lit la presse du cœur, que ma fille Monique écoute la radio et que mon autre fils remue des haltères.

— Et vous, pendant ce temps ? »

Je m'étire. Le ciel est vert tout là-haut.

« Les Indes », dis-je.

Elle s'est détournée. Son profil me surprend toujours. Vingt-quatre heures qu'elle n'a pas cessé de me surprendre : la lèvre inférieure surtout, si ourlée, si parfaite, si... Pauvres types que nous sommes qui n'avons pas connu de femmes semblables !

Son sari phosphore dans l'ombre, polaire et ensoleillé. Je vais m'user le cœur si je te contemple trop. L'eau des jarres se reflète dans ses pupilles d'ombre, elle caresse les mousses aux jointures des pierres.

« Vous êtes un dur, dit-elle, et vous vous prenez pour un mou. »

Je ne veux pas t'aimer, Sanandra, avec tes vingt ans et mes passé quarante, avec tes trois mille ans de sagesse et de folles prières, avec tes dieux chantournés et incompréhensibles, avec le fleuve et les grands échassiers qui croisent dans le soir... Je ne veux pas t'aimer avec ta majesté, moi qui n'ai que ma cucuterie et mes emmerdements; tu es l'Inde, Sanandra, que tu le veuilles ou non, tu te dresses pour l'éternité du monde tandis que je cavale après mes autobus de chaque petit matin.

« Regardez... »

Des éléphants sur l'autre berge. Ils ont la couleur des boues séchées, des palanquins sur leur dos grouillent de créatures brinquebalées.

« Ils viennent des montagnes, dit Sanandra, de la frontière du Népal; ils ont pris les anciennes pistes. »

Elle fait une chose qui m'épate; sans perdre la caravane des yeux, elle quitte ses sandales et pose ses pieds nus sur la pierre où elle est assise, hindoue jusqu'au bout des ongles.

La voici posée sur la margelle comme les autres, avec ce côté hibou sur la branche. Elle met son coude sur un genou et tend la main vers moi.

« Donne roupie, Frenchman. »

Elle psalmodie. Les fillettes rient à nos pieds. Très haut, au-dessus de nos têtes, les singes traversent la rue, sautant d'un balcon à l'autre.

Tu plaisantes, tu joues dans ton sari de nacre, mais tu es des leurs, tu es faite pour ce ciel, pour ces rapaces nichés dans les minarets, pour cette malédiction superbe.

Tu es tant d'ici que j'en ai mal soudain.

La caravane, là-bas, bouge à peine; ils vont vers l'amont, vers le pont de Malaviya, là où se trouvent les villes mortes.

Deux adolescents apparaissent. Ils rôdent autour de nous, les tempes grasses et plaquées, la langue rouge de bouillie de piments.

« Venez. »

Quelque chose se passe, elle est partie trop vite, quelque chose que je ne comprends pas.

Elle me regarde, rit et met sa main sous mon bras soudain. Personne n'a l'air plus idiot que moi en cet instant. Nous dévalons les hauts escaliers où coule l'urine des ânes et des chèvres entravées.

« Expliquez-moi. »

Elle se retourne. La ruelle est vide, un chien seulement, l'échine creuse, couleur de hyène.

« Vous avez du succès, dit-elle, ces garçons allaient vous tomber dessus. N'allez jamais écouter le sitar dans leur chambre.

— Votre petit copain de tout à l'heure n'avait donc pas tort ? Qu'est-ce que c'est que le sexe à Bénarès ? »

Son bras est là toujours sous le mien. Les garçons sont partis.

« Compliqué, dit-elle. Votre religion a jeté le voile dessus depuis deux mille ans, la nôtre a couvert ce pays de phallus et de fresques érotiques, et le résultat est le même. Nous sommes castrés, car l'amour est l'affaire des dieux.

— Reste la pédérastie.

— C'est une consolation. »

Marches de Shivala larges et dorées où grogne un troupeau de cochons sauvages; la ville ruisselle d'or au-dessus de nos têtes.

« L'amour est dans l'art, dit-elle, nous l'avons creusé dans la pierre, il y est toujours. Enfoui. »

C'est vrai, il n'y a rien dans les yeux de ces

hommes qui croisent Sanandra et ces femmes somptueuses; pas un regard, ni lazzi ni sourire ni invite. Cela n'est pas affaire d'hommes : les dieux baisent pour nous.

La foule monte... Des visages, et celui à la moustache régulière et au front haut est parmi eux... En deux dimensions seulement... Passe-partout... Un intellectuel... Pourquoi est-ce que j'y pense soudain? Pourquoi les yeux énormes se moquent-ils de moi à travers les colonnes et les ruelles de la ville? Un morceau de papier... J'avais si bien fait de l'oublier... Et puis il y a l'autre, celui de l'odeur, de l'appareil photo, le tripoteur de diables... Est-ce qu'un lien les relie? Lequel? Un homme de générosité, d'intelligence et d'ironie, de l'autre ces fentes froides dans un visage lisse et féminin... Une silhouette comme il en passe dans les films... Il est pâle, fragile, et cette odeur précieuse et étrange. Que pourraient-ils avoir à faire l'un avec l'autre?... Sanandra doit rester en dehors de tout cela, il ne faut pas que le monde nous dérange. Il n'y a aucune chaleur dans cet être, une bizarre pensée de métal dans un corps de coton...

« Prenons un rickshaw... Dépêchez-vous... »

Je cours et le fantôme lâche prise, vidé d'un coup dans la lumière de midi.

Temple des singes; le temps stagne et se précipite.

Les pierres écarlates de Dourga plongent dans les eaux vertes de nénuphars que crèvent les fontaines. Derrière, dans la luxuriance des autels en cascade, une guenon mange des fleurs séchées.

Une femme au sari jaune tournesol secoue doucement une cloche, assise au ras des eaux immobiles. Des moines frottent les dalles de leurs roseaux mouillés, leurs crânes nus brillent dans ce midi d'été... Il me reste peu de jours... Les secondes meurent à jamais, c'est ici que je viens de le comprendre... Mon Dieu, Sanandra, que nos vies sont précieuses... Allons, Friquet, referme ta main, retiens quelque chose de tout cela, cramponne-toi aux bras ronds des déesses... Cette femme près de toi, arrête-la une fois au moins. Tu le sens bien qu'il se passe entre vous quelque chose qui change, que si elle se penche ainsi sur les eaux de cette vasque et te sourit dans ce soleil rose comme une fleur c'est que... Que quoi ? Qu'est-ce que tu crois ? Qu'est-ce que tu vas gâcher encore ? Qu'est-ce que tu vas foutre en l'air avec tes idées connes; il n'y a rien en ce moment qu'un temple hindou posé sur un lac cerné de singes et de fleurs en colliers qui flottent, défaites et ondoyantes.

« Il faut enlever vos chaussures. »

Panique immédiate : est-ce que j'ai les pieds propres ?

Sanandra regarde mes orteils. Honte totale, dix petites saucisses blanchâtres mal ficelées. Elle a pris l'air sévère.

« Vous avez porté des chaussures trop serrées, étant enfant. »

Impression d'avoir une tare congénitale. C'est vrai que j'ai le panard minable : de vraies péniches de bureaucrate, des pieds qui ne respirent pas, des pieds idiots alors que ceux de Sanandra, bronzés et étroits, respirent la santé.

Elle rit de voir ma tête; je dois avoir l'air effondré.

« Ce n'est pas très grave, dit-elle, n'en faites pas une maladie. »

Elle cesse de fixer mes doigts de pied, lève la tête et ajoute, parfaitement satisfaite :

« Vous avez pris un coup de soleil sur le nez. »

Eh bien, voilà : les pieds blancs et le nez rouge, le clown.

On rêve d'être Zinat Lahurabir, le Clark Gable de Bombay, et on se retrouve en Fratellini.

« Je suis heureux que vous me trouviez ravissant, dis-je. Et encore, vous n'avez rien vu : j'ai les fesses vertes et le nombril tatoué; lorsque je fais la danse du ventre, on peut voir un voilier trois-mâts sombrer dans la tempête. »

Les yeux de Sanandra s'arrondissent.

« J'en étais sûre, dit-elle; venez, je vais vous présenter à Ganesh, il adore les hommes tatoués. »

Nous entrons dans le temple. Abricot et vieux rose vacillent sous le tremblement des eaux planes. Au pied du tronc fibreux, des statues pâlissent sous l'érosion de l'été, déesses convulsées, vaches de marbre, guerriers d'ivoire, Dourga comme une vaste kermesse de ruines et de splendeurs défuntes. Un trou dans un mur bas, je m'accroupis à côté d'elle devant un soupirail cadenassé. A travers la grille brillent les lampes à huile, des fleurs en colliers cernent un bloc de pierre vaguement travaillé en forme d'éléphant, des traces de peinture s'attardent comme des plaques de fard séché.

« Ganesh, dit Sanandra, voici Jean-François.

— Très heureux », dis-je.

Je le regarde et me tourne vers elle.

« Il ne répond pas, je crains de ne pas lui être sympathique.

— Ganesh vous aime bien, dit-elle, rassurez-vous, il n'y a pas plus bon enfant que lui. »

« Voici Jean-François », cela m'a fait une chaleur soudaine, une bouffée comme un rideau qui s'entrouvre sur un spectacle que l'on n'attendait plus. Nos pieds clapotent dans les flaques tièdes.

Le gardien se balance négligemment dans la zone d'ombre, hors de l'enfer du soleil.

« Une question, dis-je, lorsque j'ai les pieds nus, je ne me tiens plus d'audace : qu'est-ce que vous avez trouvé en mon fils qui ait retenu votre attention ? »

La femme en sari jaune s'éloigne brusquement au moment où je m'approche, j'étais pourtant encore loin, je ne comprends pas cette sorte d'effroi qui vient de s'emparer d'elle et qui la plaque au mur. Elle porte de lourds bracelets d'ivoire.

« Pourquoi a-t-elle peur ? »

Sanandra me tire vers les lourds portails où dorment les infirmes.

« C'est votre ombre », dit-elle.

Comprends pas.

« C'est une femme Nayer, elle est intouchable; si son ombre touche la vôtre, elle vous souillera. Cela n'est rien encore, dans certaines régions on ne se parle pas d'une caste à l'autre à moins de trente mètres. Les Nayer ne sortent en général que la nuit. »

Je la regarde; la femme a repris sa place et agite de nouveau sa cloche de bronze; cela existe donc, des êtres pour lesquels le fait de seulement exister est une impureté.

« Nous partons ? »

Elle ne m'a pas répondu au sujet de Louis... Qu'importe.

Inlassablement, nos pas nous ramènent vers le fleuve. Je n'oublierai jamais ces couleurs et ces tambours; nous descendons la rive, là où dorment les buffles... Entre les colonnes des temples, les felouques glissent... Elles bougent à peine, lourdes et lentes sur l'eau; la voile unique est flasque, terreuse. Les bateliers dorment sous des toiles tendues et leurs corps se nappent de mouches au fil du fleuve qu'ils descendent sans gouvernail.

Sur les balcons des palais, les enfants courent entre les statues, manœuvrant les fils invisibles de leurs cerfs-volants... Les cerfs-volants de Bénarès..., ils planent dans les vents absents et seule la chaleur les maintient immobiles au-dessus des minarets et des dômes; voici l'instant tendu de la journée, l'instant où coule, au plus haut degré de sa fusion, le plomb du soleil.

45 Daranagar Road.

J'aurais dû me méfier dès le départ et penser qu'hindoue ou pas hindoue, ravissante ou catastrophique, il y aurait toujours un moment où je me retrouverais à cavaler dans les rues, en train de jouer les messagers. Cela a commencé pour moi vers quatorze ans et demi, sur les berges de la Marne, à Charenton-le-Pont, au temps où il y avait encore des baignades. Amoureux fou d'une forte baigneuse musclée à maillot hermétique, qui avait vite compris la malléabilité de ma frêle nature, j'ai passé le mois d'août de cette année-là à transporter lettres, colis et divers messages à une ribambelle de copains et copines, entre Maisons-Alfort et Joinville-le-Pont... J'étais tombé sur une malade de l'envoi qui ignorait jusqu'à l'existence des P.T.T. Je compris par la suite qu'elle considérait chacune des courses qu'elle me faisait exécuter comme une preuve d'amour, donc de faiblesse. Le résultat est que je galopais en sueur d'une rive à l'autre, tandis que mes copains se prélassaient sous les ombrages et les charmilles des guinguettes.

Bizarrement, cela s'est produit deux ou trois fois encore au cours de mes amours adolescentes; et j'en ai conclu que les femmes adoraient me faire porter des paquets. Je dois avoir une tête à ça. Je suis un facteur-né. Aucune surprise donc ce soir lorsque Sanandra m'a collé un colis dans les bras, en s'excusant de ne pas avoir pensé à l'envoyer, en espérant que ça ne me dérangerait pas, en soulignant que cela lui rendrait bien service et que la rue n'était pas difficile à trouver...

Me voici donc dans un rôle que je connais bien. Aucun problème, paraît-il, je suis attendu. Je me méfie, c'est quand il n'y a aucun problème prévu qu'on ne les attend pas et qu'ils se mettent à surgir.

Le soir est venu. Le taxi m'a laissé au début de la rue pour une raison que je n'ai pas très bien comprise. Il est parti vite avec la monnaie et en affolant un régiment de chiens.

La rue est bizarre, elle hésite entre l'écroulement total et une dignité dans le maintien de vieille aristocratie ruinée... Cela a dû être splendide autrefois... Difficile aujourd'hui de savoir s'il s'agit d'anciens parcs abandonnés ou de nouveaux terrains vagues. Pas une plaque. Intéressant de savoir que je vais au 45, mais ce serait vraiment trop simple qu'il y ait des numéros. Des enfants sur des monticules... Il y a des locomotives là-bas tout au bout de la plaine..., des silhouettes d'encre sur l'horizon rose-vomi.

En plus, je ne dois pas être en retard chez Cenderelli. Nous sortons ce soir... « A peu près au milieu de la rue. » J'y suis à dix mètres près... Un monsieur à cheveux blancs. Merde, j'ai oublié le nom. Je ne sais même plus si elle me l'a dit. C'est l'un de ses profs... Elle doit lui remettre des documents. Rien de plus lourd que des documents. S'il ne me guette pas, je suis dans de beaux draps : rue inconnue d'une ville inconnue, j'y cherche le numéro invisible d'une maison à locataire anonyme. Pas de panique, Friquet... Et toujours cette impression d'être guetté... Enfin, ça, ce n'est pas neuf, ça doit dater de la maternelle.

Mais ici il faut dire qu'avec les turbans et les yeux de braise ça sent l'espion à pleines narines et...

« Monsieur Varnier... »

Je fais la tête qu'aurait faite le découvreur de l'Amérique si on l'avait accueilli avec des pancartes *Vive Christophe Colomb*...

L'homme est confondu avec le péristyle, il se courbe pour ne pas toucher les branches basses d'un figuier, l'odeur est forte, légèrement écœurante, un parfum de racines et de terres remuées. Les cheveux blancs phosphorent. Ils ont des tignasses splendides dans le pays.

« Sanandra Khanna m'a prévenu par téléphone. Je vous ai vu chercher de loin. »

Ouf... C'est vrai qu'après tout j'ai des qualités de messager. Varnier-Service express, en direct de l'expéditeur au destinataire, célérité et discrétion.

Je le vois mal, un visage émacié, cette délicatesse infinie des visages indiens, la chemise est blanche comme la chevelure, la face fait une interruption sombre entre les deux clartés.

« Vous trouverez facilement des rickshaws sur Changani, vous allez sur la droite. »

Immobilité. Il pourrait dire merci. Il ne va tout de même pas me donner un reçu. J'ai l'air d'attendre un pourboire.

Je secoue sur mes épaules une sacoche imaginaire.

« Au revoir, monsieur. »

Lueur d'une lampe à huile dans un couloir, un mur vert moisi, l'ombre d'une tenture, et c'est le noir à nouveau. L'homme aux cheveux blancs n'est plus là.

Au-dessus de mon nez, deux chiffres au pinceau maladroit : 45.

Eh bien, voilà, pas plus difficile que ça... Impression bizarre qui subsiste... Il faut que je me débarrasse de cette foutue habitude d'éprouver des impressions bizarres pour les choses les plus naturelles de l'univers...

Mon pas résonne. L'agent spécial Friquet 001 rentre au bercail, sa mission accomplie... Des ennemis le guettent-ils dans l'ombre? Derrière cette façade à demi éboulée, des hommes, étouffant les lueurs trop vives de leurs poignards, ne l'attendent-ils pas pour l'assaillir? Ne vont-ils pas s'élancer silencieusement?... Bon, allez, arrête-toi, tu vas te coller la trouille tout seul...

Un rickshaw là-bas. Je saute dedans.

Enfant, j'aimais le bruit des pneus de vélo sur l'asphalte. Désormais, il se liera dans ma mémoire avec le halètement de ces vieillards étiques et pédaleurs. Il oscille et murmure quelque chose, se retourne.

Je me redresse sur mon siège de rotin. Que veut-il?

Il désigne quelque chose derrière moi.

Il y a une voiture à dix mètres. La batterie doit être à bout, les phares sont imperceptibles, semblables à des flammes de bougie. Elle roule en sourdine.

Le rickshaw pédale en furie. La voiture accélère à son tour. C'est une américaine, je distingue mal la calandre, une Dodge sans doute, un vieux modèle.

Qu'est-ce qu'ils veulent? Les phares se sont collés à dix centimètres des roues de mon rickshaw, je peux en me baissant toucher le capot...

Mon conducteur s'arrête, se range presque. La voiture ne double pas.

Nous restons une pleine seconde immobiles dans la rue vide.

Ça y est, ça me prend au ventre, je vais sauter, courir, mais tout est si sombre, un quartier de parcs déserts.

Calme. Calme-toi... C'est un jeu, rien d'autre...

Absolument rien d'autre, des types qui s'amusent, cela n'a aucun sens, ils ne sont pas pressés, c'est tout.

Le vieux monte sur les pédales et s'arrache de tout son faible poids... La sueur me brûle les yeux, le barrage des sourcils est dépassé... Un frisson derrière : il n'y a plus rien, la voiture a dû tourner dans une allée latérale.

Plus rien que le crissement des pneus dans le vent humide qui balaie le front de la nuit...

Aucun sens. Cela n'avait aucun sens et ne compte pas.

Longtemps que je n'avais vu un glaçon rester plus de dix secondes dans un verre; d'ordinaire, ils sont déjà fondus avant même de toucher la surface du whisky.

On est bien chez Cenderelli. La pluie bat contre les vitres.

Ce type vit comme un nabab; dans les allées du jardin, trois jardiniers somnolent dans les mauvaises herbes; il a une femme de ménage, un chauffeur et un cuisinier. Le personnel, explique-t-il, est un luxe que même les pauvres peuvent se permettre; rien n'est moins cher ici que la main-d'œuvre, nourrissez-la et elle fonctionne.

Dans la grande avenue extérieure, les villas luisaient sous la pluie, le ciel se fanait dans une orgie réséda, les roues du rickshaw soulevaient des gerbes d'eau fumante, cela ressemblait à un vieux film en couleurs déteintes qui se serait appelé *Espionnage en Asie*. J'ai couru entre les flaques jusqu'à la sonnette. Une fille en jean pâle et chemise d'homme est venue m'ouvrir, c'était Sanandra; je lui ai demandé ce qu'elle pensait de Bénarès.

« Extraordinairement pittoresque, mais qu'est-ce que ces gens-là sont sales, je me demande comment ils peuvent vivre ainsi... »

Cenderelli était là avec des verres bourrés d'alcool jusqu'à la gueule, sa panse tressautait, il avait l'air tellement ravi que j'ai eu l'impression de retrouver un vieux copain, perdu de vue depuis dix ans. Sur un long canapé rampant le long des baies vitrées, il y avait un Indien minuscule en costume de pompes funèbres, un étudiant en littérature étrangère que Sanandra n'a pas eu le temps de me présenter : il m'a bondi dessus comme un chat-tigre en me balançant une flopée de phrases où surnageaient les noms de Picasso, Apollinaire, Mac Orlan, Modigliani, Aragon et la place du Tertre. Je me suis écroulé dans les coussins du nabab. L'autre poursuivait. Un fou de Paris. Ça, c'est ma veine, je franchis la moitié de la terre et je tombe sur un hurluberlu qui me demande avec anxiété si le Moulin-Rouge existe toujours.

La première fois que je la vois habillée à l'européenne. A l'aise comme à une terrasse du Quartier latin. Je me trompe ou elle a l'air de se foutre de moi. Elle lève son verre vers moi et chuchote :

« A la vôtre, beau-papa. »

Je crache mon whisky par les oreilles. La pièce devient rouge puis disparaît. Lorsque j'aspire une première gorgée d'air avec un sifflement de pompe désamorcée, les deux hommes me tapent dans le dos avec ensemble.

« Indian whisky, dit Antoine, c'est assez fort. »

Assez en effet, un mélange de T.N.T. et de poivre de Cayenne, mais c'est le « beau-papa » qui a été le détonateur.

« ... et c'est en effet sur le boulevard Pereire que l'on pouvait trouver jusqu'au début des années 30 les plus grands hôtels particuliers, dont celui de Sarah Bernhardt qui...

— Ecoute, coupe Sanandra, M. Varnier n'est pas venu en Inde pour t'entendre parler de la Belle Epoque sur la rive droite.

— Mais c'est ma spécialité, gémit Kabir (il s'appelle Kabir). Pour une fois que... »

Dans la pièce immense et claire flotte soudain un parfum de viande et d'aromates époustouflant. Mes narines s'écarquillent.

« Seigneur, qu'est-ce que c'est que ça ! »

Le ventre d'Antoine se tend de satisfaction, son sourire de matador s'élargit; cet homme est la personnification du bien-être et de la gourmandise.

Sanandra lève un doigt professoral.

« Ce sont les premiers effluves des agapes futures : M. Cenderelli a le meilleur cuisinier de l'Uttar Pradesh.

— Disons de la plaine indo-gangétique et n'en parlons plus, susurre le journaliste avec une pudeur effarouchée.

— Quant au quartier près de la Trinité où se trouve actuellement le musée Gustave Moreau...

— Vous allez manger la spécialité du pays : le poulet aux mangues à la sauce curry; Benandra l'a fait mariner dans la cannelle pendant trois jours. Je me demande si je ne me suis pas installé dans ce pays uniquement pour sa cuisine. Un peu de whisky en attendant... »

Grande salle claire, les balcons brillent sous la pluie incessante. La nuit est venue, aux murs des gravures persanes, ce type a au moins trois cents mètres carrés d'appartement. L'odeur flotte toujours, noix muscade, piments doux, j'en salive tandis qu'Antoine, l'estomac sur les genoux, achève de vider sa bouteille d'eau-de-feu et m'explique la politique indienne.

« Vous êtes ici dans un des rares pays du monde qui n'importe strictement rien. Vous me direz que nous ne nous suffisons pas à nous-mêmes, mais peu à peu l'industrie s'édifie; il y a l'empire Tata, des frères qui produisent plus de camions que votre Saviem. Quant à l'électronique, ça peut vous surprendre, mais, si vous voyiez les usines dans le Bengalore, vous vous apercevriez qu'I.T.T. peut commencer à avoir des sueurs froides... »

Il parle et une autre Inde se déploie, moderne, laquée, hygiénique, technicienne; parle-t-il du même pays que celui que je visite depuis deux jours?... Mais c'est vrai ce que disait hier Sanandra : ce gros homme un peu ridicule connaît son affaire.

« ... le parti communiste est très important, il y en a deux en fait, l'un dépendant de Moscou et l'autre totalement indépendant; leurs rapports sont étranges, il faudrait que je réunisse les notes que j'ai prises sur ce problème, mais le soleil m'en empêche, et puis qui s'intéresse à la politique intérieure indienne à Paris? Je ne trouverais pas un éditeur.

— Comment un pays où la religion est si présente peut-il accepter, en partie tout au moins, le marxisme? »

Antoine Cenderelli boit; il doit en être à son sixième verre. Il pourrait être en cet instant un patron de bistrot affalé à une terrasse à Bastia ou Ajaccio, un physique pour la pétanque et le pastis, et lorsqu'il parle de l'Inde il dit « nous ». Je commence à aimer Antoine.

« Sanandra va vous expliquer ça, c'est son rayon. »

Je la regarde, surpris. Elle m'apprend qu'elle a milité un moment à l'Université dans un mouvement libéral.

« Les attentats sont nombreux, le modèle vient d'Europe; beaucoup des chefs sont fascinés par les techniques de prises d'otages de R.F.A. et de chantages à la bombe. »

Une Inde politique vivante, exaltée, aussi vraie que celle des gourous et des lépreux.

« L'extrême droite est puissante, elle cherche la disparition du système des fédérations et le retour des princes. »

On sonne, c'est le dernier invité. Il entre. Nous levons les bras au ciel ensemble. C'est mon Catalan, l'air plus hindou que jamais; il est trempé comme une soupe, a déjà vingt-cinq colliers autour du cou, des bagues à tous les doigts. Il cliquette sous les bracelets et m'explique qu'il ne sait refuser les offres des marchands. Il a en plus de ses achats fait huit cents photos en deux jours qu'il espère vendre à une agence française.

Sa barbiche frémit sous l'assaut des vapeurs culinaires; il ressemble à un baril de poudre.

« Oh! oh! fait-il, oh! oh, oh! »

Il s'enfile un whisky, agite ses jambes, bondit en l'air et clame :

« Le poulet aux mangues! Je me demande si le gingembre n'a pas été oublié, je vais voir ça. »

Il s'envole vers les cuisines. Antoine tente de le retenir, mais sa panse est trop lourde. Sanandra le manque d'un cheveu.

« Arrêtez-vous! »

Trop tard, le fakir de Barcelone a disparu à l'office.

Sanandra, consternée, regarde Antoine effondré. Je ne comprends pas.

Enorme bruit de marmites venant de l'est. Silence total.

Echange de regards. Même le spécialiste de la Butte Montmartre s'est tu. Un pas résonne, accablé.

Revoici mon fakir. Comme au ralenti, il vient s'asseoir à mes côtés. Il a vu tous les spectres de l'Inde pour être aussi blanc. Il me regarde comme si j'étais le premier bipède à entrer dans son champ de vision.

« Mais que s'est-il passé ? »

Il toussote et sa voix sort, fluette et blanche :

« Il a tout foutu à la poubelle. »

Antoine Cenderelli gémit doucement dans l'ombre.

« Qui *il* ?

— Le cuisinier. Dès qu'il m'a vu, il a tout viré d'un coup. »

Eberlué, je regarde Antoine qui se lève, tragique. Il va chanter *La Tosca* ou dire du Victor Hugo.

« Mes enfants, dit-il, deux mots d'explication; Benandra est, comme vous n'avez pu, hélas ! que le sentir, le meilleur cuisinier qui soit. Pour notre malheur, il est aussi brahmane.

— Les brahmanes sont souvent cuisiniers, intervient Sanandra, la préparation de la nourriture est un phénomène sacré, la cuisine devient alors une sorte de temple; si y pénètre un impur, tout est souillé. Et, pour un brahmane, tout ce qui n'est pas brahmane est impur. »

Les yeux se tournent vers le fakir qui se recroqueville. Mon doigt se tend vers lui, accusateur.

« Voici le coupable, l'homme qui nous a privés du meilleur poulet aux mangues qui soit.

— Qu'est-ce qu'on va manger alors ? » balbutie-t-il.

Antoine Cenderelli ressemble de plus en plus à Œdipe roi mélangé au fantôme du père d'Hamlet.

« Et ce n'est pas le plus grave », dit-il.

La pluie derrière nous continue, monotone, insensible aux drames humains.

La voix du journaliste martèle les mots :

« Benandra n'acceptera de revenir que lorsque les murs de la cuisine auront été repeints et le matériel lavé. Comme je ne veux pas me priver de ses services, je vais vous demander votre aide; j'ai tout ce qu'il faut à la cave, la chose s'étant déjà produite deux fois. »

Et c'est ainsi que se passent les nuits à Bénarès, un pinceau d'une main, un sandwich de l'autre, à barbouiller les murs, assis sur des papiers journaux ou debout sur un escabeau. Jordi, le fakir, fait des photos, Antoine rissole des omelettes en série, Kabir entame la deuxième couche du plafond, je fignole les gonds des portes, Sanandra qui a renversé un pot a une demi-jambe bleue et des fous rires intermittents.

Demain, nous irons visiter un palais. Troisième jour. Je ne partirai jamais d'ici.

VIII

Bleu de nuits épaisses, tentures lourdes d'outre-mer. La mer peut avoir cette couleur au fond des grottes italiennes. Est-ce bien bleu d'ailleurs ? Lorsque la soie se gonfle dans le vent, une goutte de sang se dilue dans toute l'étendue de la trame, et peut-être alors est-ce cela que l'on nomme indigo ; le sari frôle le violet sans cesser de marier le cobalt et l'améthyste. Je m'y perds ; jamais je ne saurai le décrire. Un nouveau chaque jour, une nouvelle musique. Il fut rose, blanc hier, et aujourd'hui ce sombre azur riche de tant de nocturnes profondeurs... Une nouveauté encore : au centre du front de Sanandra un cercle d'or, parfait et lumineux comme une goutte de lumière tombée entre les sourcils. Est-ce dû à ce soleil minuscule ? Jamais les yeux ne me sont apparus plus longs, les cils plus sombres... Une princesse d'autrefois. Etait-ce elle hier soir qui, pieds nus et jean taché, repeignait les murs de la villa Cenderelli ?

Mais, ce matin, l'enchantement commence.

Remparts de Ram Nagar aux murailles rouillées.

Sur l'autre versant du fleuve, très loin, il n'y a plus que le sable et l'eau. Même les tentes des nomades ont disparu, les bivouacs des chameaux sont derrière nous, les caravaniers noirs comme de l'encre chassent d'un geste lent les vols de corbeaux trop proches.

Il faut marcher encore sur les chemins de terre et, passé la boucle du fleuve, c'est la forteresse de pierre, la demeure des maharaja. Nous descendons vers la berge.

« Quatre-vingt-dix-neuvième chapitre : L'Inde et ses splendeurs disparues. Si vous n'aviez pas vu ce que c'est que la demeure de ce genre de personnage, nul ne voudrait croire que vous êtes venu ici et peut-être même vous feriez-vous insulter par vos amis. »

Des bateaux échoués dans la vase s'enfoncent doucement tandis que, du haut des tours, les busards s'élancent comme des pierres.

« J'ai vu l'un des derniers princes de Bénarès entrer dans le palais lors du mariage de son fils aîné; il y avait quarante éléphants surmontés de palanquins d'ivoire et remplis de tout ce que l'Inde, du Rajasthan au Bihar, comportait de sang noble. J'avais quatre ans. Tous ruisselaient d'or. »

Voici l'entrée monumentale. Au-dessus des cours intérieures, un balcon de marbre blanc surplombe le vide, arachnéen, une toile de pierre, un tricot, une dentelle baroque, une fortune inutile et morte accrochée dans l'air devant les plaines désertes. Toujours cette impression de splendeurs gâchées alors que la mort guette... Qu'attendent ces arches d'ivoire lancées dans le brasier du ciel vide, à quoi sert ce déferlement de beauté dans ce pays malade...

A l'entrée, dans la guérite branlante, un soldat crasseux gratte ses orteils nus, le fusil entre les jambes. Un sac tremble contre le mur, il y a quelque chose dessous qui remue. La toile s'écarte..., un visage sort. Qui est-elle ? Je n'ai jamais vu cela, nous voici aux confins de la vie, il ne s'agit même plus d'elle... La tête est grise et molle, personne ne peut dire si elle a dix ou quatre-vingts ans ; les mains sont soudées directement aux épaules... La bouche fripée de vieillarde s'écarte sur des dents de lait. Le corps frémit en rafales brèves.

« Syphilis, dit Sanandra, la malaria également. »

Je fixe cette gélatine humide, ces os fluides prostrés contre cette muraille qui vit passer des hommes couverts de rubis et de brocarts. Sanandra m'entraîne.

« Rentrons, il faut voir le musée, vous allez être surpris. »

J'en ai rêvé, enfant, de ces palais, des films m'y aidaient : des princes cruels manigançaient de rudes coups bas contre les superbes et loyaux soldats de la reine Victoria. Ils avaient des vizirs fourbes, des profils de rapaces et vivaient de chasse au tigre en croquant des diamants.

Salle de réception : le sol est couvert de peaux de fauves, le plafond immense perd la peinture de ses fresques par plaques entières, les murs s'écaillent sur les tapis poussiéreux.

Les ventilateurs tournent si mollement que l'on distingue chaque pale. Un palais-étuve. Des trônes d'or incrustés de pierres dorment dans l'ombre de hautes persiennes moisies. Cela sent la mort et l'encens. Au centre exact de l'immense salle, sur un tabouret circulaire, un gardien en slip kaki laisse couler sur ses flancs maigres des rigoles de sueur ininterrompues. Nous traversons des enfilades de pièces, toujours les ailes rouillées et croassantes tournent au-dessus de nous.

Des lustres sertis d'or et de topazes croupissent, entassés dans une encoignure ; un venin ronge ces murs moites qui furent les plus somptueux de la terre.

« Voici nos palais », murmure Sanandra.

Sa voix résonne dans les hautes pièces sombres, un chuchotement qui traîne le long des lambris qui s'effondrent.

« J'en ai vu dans le Pendjab dont les plafonds couverts de pierreries fuient comme des gouttières pendant les moussons : les gardiens se relaient tout le jour pour changer les seaux afin que l'eau ne mouille pas trop les tapis de Chine vieux de deux mille ans. »

Des escaliers monumentaux aux rampes d'ivoire sculpté descendent dans des jardins intérieurs. Des autels s'élèvent à toutes les marches. Voici le musée...

« Ce sont les chambres des descendants, elles abritaient les enfants mâles; on a mis des vitrines autour, mais on garde les lits. »

Ce sont d'énormes paillasses couvertes de soieries. Sous les vitres sales resplendit un yatagan à poignée d'or du XIIIe siècle et un cendrier style Dubon-Dubonnet, dont on ne voudrait pas pour soixante-quinze centimes aux puces de Clignancourt.

« Qu'est-ce que c'est que ces saloperies-là ? »

Entre des boucles d'oreilles d'argent et des améthystes anciennes, toute une ferblanterie invraisemblable, des chromos représentant la Tour de Londres et Westminster Abbey, toute une pacotille criarde et peinturlurée.

« Ces saloperies-là, dit Sanandra, c'est l'Europe. Nos princes furent si fiers de ces cadeaux que nous firent nos glorieux gouverneurs britanniques, qu'ils les ont légués à leur pays pour que le peuple puisse en profiter. Regardez ça. »

Ça, c'est un tableau qui couvre tout un mur. Il représente une femme en jupe à traîne, chapeau melon et voile déployé qui tire avec une carabine sur un tigre volant dans une jungle vert bouteille. La chasseresse a un air profondément dégoûté et semble avoir de préoccupants ennuis d'estomac. Quant au tigre, malgré sa situation périlleuse, il respire la joie de vivre. Je contemple le massacre.

« Je pense qu'il va finir par la bouffer, dis-je, il a l'air en pleine forme.

— C'est la troisième fois que je viens ici et que je m'arrête devant cette toile en me disant exactement la même chose. Heureuse que vous ayez la même impression. »

Quelque chose qu'elle vient de dire m'est resté en travers du cœur. J'avale ma salive.

« Ça ne vous casse pas les pieds de faire le guide ? »

Elle me fait face; dans la pénombre, la seule tache brillante est le cercle d'or sur son front.

« Si, dit-elle; pourquoi me le demandez-vous ?

— Vous avez dit « la troisième fois que je viens ici », et trois est le nombre de fois où j'ai emmené des cousins de province à Mogador voir *Violettes impériales.* A la dernière, j'ai eu des étourdissements, j'avais l'impression que c'était moi qui chantais. »

Elle rit.

« Vous êtes idiot, venez voir le plus beau. »

Elle m'entraîne dans les longs couloirs aux tentures délavées, l'air est sale, verdâtre et doré, presque aquatique. Nous sommes seuls. Les charters d'Europe et du Japon ne déversent pas si loin des hôtels leurs cargaisons humaines.

Nous traversons des cours; des gardiens dorment, effondrés, dans l'embrasure des fenêtres; des jets d'eau minuscules ruissellent sur du marbre blanc et surchauffé.

Voici des dômes clairs, des portes monumentales que je reconnais : ce sont celles des films d'autrefois, quand la horde des combattants s'élance à l'assaut, criblée de flèches par les archers des tours.

« Les écuries d'éléphants, dit Sanandra; il y en eut jusqu'à quatre cent cinquante. »

La pénombre est fraîche, une odeur épaisse de paille et de crottin. Le jour vient filtrer par de hauts soupiraux creusés au-dessus des râteliers géants.

Quatre brebis remuent dans l'ombre, un berger dravidien, les cheveux jusqu'aux hanches, fume du haschisch, assis dans une flaque de soleil. Il ne nous verra pas passer. C'est immense, trois cathédrales à la file.

« Voici tout ce qui reste. »

Ils sont deux dans le fond, perdus. La mère et l'enfant.

Ils portent sur la tête et à la naissance de la trompe d'anciens dessins, de la poussière d'ocre et d'or accrochée aux crins épais, comme sur un tableau noir de classe il reste un tourbillon de craie lorsque le chiffon n'est pas propre...

Elle lève le bras et caresse la trompe épaisse. De près les yeux sont doux, un rêve de pachyderme. Ce sont les survivants. Peut-être se souviennent-ils des forêts d'autrefois, des grands défilés, des cornacs chamarrés : les splendeurs mortes de Ram Nagar.

Nous revoici dans le soleil.

« Qui habite encore ici ?

— Personne. Des soldats viennent parfois s'en servir comme caserne et chassent les mendiants qui se sont installés dans les jardins. L'Etat paie des gardiens pour que rien ne soit volé, mais tout retournera bientôt à la boue du fleuve. »

Je pousse une porte basse qui résiste et s'écarte enfin.

Un tigre empaillé moisit dans l'humide chaleur.

Seules les dents brillent dans l'ombre verte de l'enfilade des pièces qu'il semble garder; tout est vide; à terre, des sacs. Sur les chemins de ronde, là où veillaient des soldats empanachés, des pierres s'éboulent.

« Qu'est-ce que c'est que cela? »

La porte basse grince, les clous râpent la pierre. On ne peut pas se tenir debout entre ces murailles : des puits verticaux taillés dans la roche, bouchés par des barreaux en croix. Les cachots du palais.

Je me penche. Une vapeur suinte, celle des vieilles marmites où bout une eau décomposée... Des hommes ont dû vivre ici et mourir dans ces fosses.

Je me relève et j'ai peur.

« Ça ne va pas? »

Elle a les yeux fermés, la nuque s'est collée à la muraille, comme si jamais elle ne voulait quitter cet endroit qu'il lui faut pourtant fuir...

« Sanandra... »

Quelque chose se passe, ce n'est pas une peur ordinaire, il y a dans la vie de cette femme quelque chose de terrible qu'elle vient de revoir... Un souvenir épouvanté.

Les paupières remontent.

« Ne faites pas attention... C'est l'odeur..., la claustrophobie... Je... Je ne peux pas supporter l'atmosphère. Ces prisons... »

Il y a autre chose. Je ne sais pas quoi, mais j'en suis sûr. Je sais quand elle ment, enfin je crois le savoir. La sueur qui lui est venue d'un coup n'est pas due cette fois à la chaleur.

Elle s'arrache un sourire et s'écarte.

« Venez, nous sortons. »

Elle marche rapidement dans la lumière. Tout a disparu d'un coup de l'angoisse qui s'était déchaînée... Mon Dieu, comme je ne suis pas fait pour les énigmes !... Nous avons gravi une colline... Elle se retourne : le palais est creux, une coquille, la vie s'est retirée. Ils ont laissé cela, les rajahs aux trente Rolls, aux yeux cernés de khôl et aux bagues d'argent lourd : ces salles vides, ces dômes, ces remparts, quelques portes d'ivoire, un tigre aveugle, deux éléphants oubliés et, sous un verre noir de chiures de mouches et de poussière grasse, un cendrier de bar-tabac.

« C'est la fin, Sanandra, un monde est passé, il faudrait qu'un autre vienne. »

Elle incline la tête.

« Il viendra. Il le faut. Nous pénétrons avec retard dans l'âge politique, c'est par cela que nous devons passer.

— Dur moment.

— Il est nécessaire. Je crois d'ailleurs que nous ne mettons pas la même chose sous ce mot; pour nous le contenu doit être plus simple, la politique n'est que la construction et la mise en place d'un système qui effacera la honte que nous procure un peuple qui est le nôtre et dont nous ne faisons plus partie. »

Des yeux d'ambre, le cuivre des dieux, tout l'or de tous les automnes dans la fournaise de l'été. Nous descendons vers les bateliers qui attendent, rames levées.

« Ici, nous restons l'un des rares pays où le cœur et la politique restent mêlés... Il faut parfois lutter pour qu'un sentiment guide votre vie, tout est si passager, même nos colères passent... Parfois, je regarde ces gens et je ne les vois plus; ils viennent mourir à ma porte et je m'en moque, et puis un autre jour je voudrais serrer ce pays à l'étouffer contre mon cœur, ce pays innocent, stupide et paisible, pour lequel il n'y eut jamais de pardon...

— Cigarette ? »

138

Je n'aime pas voir la tristesse l'envahir et je ne trouve pas de diversion autre que de lui tendre ce paquet à moitié vide, alors que je voudrais…, je voudrais quoi, en fait?…

« Les hommes qui font de la politique dans ce pays sont ceux qui ne se sont pas habitués : grâces leur soient rendues. »

Devant nous, des formes affalées dorment des vies entières contre les planches envasées ou accostées aux barques; un lépreux dans une charrette dévale les rues de la misère.

Il n'y a personne que nous, les bateliers, les remparts et le coude du fleuve, des vautours là-bas au-dessus des berges qui montent au temple d'Hanuman.

Elle a pris une de mes cigarettes.

« Je vais vous apprendre à fumer à l'indienne. Regardez bien. »

Elle tient le cylindre blanc entre index et majeur, ferme le poing et aspire fortement, les lèvres collées à la jointure du pouce et de la main.

Je l'imite, mais la fumée sort entre les autres doigts, sauf là où je l'attendais.

« Fermez bien le poing, il faut que ce soit hermétique.

— Il y a une raison à cette méthode?

— La combustion est plus faible, la cigarette dure plus longtemps. »

Je tète comme un agneau nouveau-né et parviens à extraire un filet de fumée blanche, ténu comme un fil de la Vierge.

« Et voilà, c'est le premier pas vers l'indianisation; on commence comme ça et on finit dans un ashram.

— Ne me poussez pas trop, dis-je, c'est le genre de chose qui pourrait bien m'arriver, étant donné ma folle envie de repartir. »

Elle se tait.

Nous sommes à l'arrière de la barque. Elle est plate sur l'eau; pas de nuages encore, mais des voiles successifs viendront ternir l'éclat terrible des couleurs.

J'ai vu un film qui... — décidément, qu'est-ce que j'ai vu comme films — montrait un grand amour désespéré dans un pays lointain. C'était en Birmanie ou quelque chose comme cela... Gary Cooper était à ma place. Elle, je ne sais plus comment elle s'appelait... C'était une célèbre avec un nez trop long. Elle repartait à la fin vers ses buildings, et lui continuait à soigner de maigrichons et jacassants Asiatiques...

Les rames glissent sur le fleuve huilé. Bénarès n'est qu'une ligne encore, un trait à la règle sur la ligne d'horizon.

Il n'est pas de plus grand silence qu'en cet instant, je n'en ai vécu aucun de semblable... Il suffirait qu'elle ait un sourire, un frémissement et je lui dirais peut-être que je reste. Dans les pupilles liquides, un sirop caramel et transparent tremble sur de l'onyx.

« On vous attend, Jean-François. »

Vos journaux, vos télés, vos romans à quatre sous, vos radios, vos chansons, vos cris, vos haltères... Où tout cela s'est-il noyé? Où cela s'est-il enfoui?

Entre les îles des chiens errants et la mosquée d'Alangir, lorsque le ciel devient violet et que le sari de Sanandra s'éclaire des lueurs mauves de la mort du jour.

« Non, dis-je, je crois que l'on ne m'attend pas. »

C'est vrai. Qui m'attendrait? Il faudrait qu'ils soient capables d'attendre, il faudrait qu'ils ne se satisfassent pas d'eux-mêmes avec tant de facilité.

Elle a ses yeux sur moi, je les sens et je me demande ce qu'elle voit : un vieux mec, pas trop

140

vieux mais presque, qui écrase son mégot sur le bastingage.

Reste, reste à Bénarès, balance tout, tu feras n'importe quoi, tu vivras près d'elle, nous viendrons ici souvent...

Des fleurs de brique et de safran glissent sur les eaux véronèse et leurs couleurs s'étouffent dans la zone d'ombre que projette le palais; elles éclatent plus loin dans la lumière mauve.

C'est vrai, on peut plaquer son passé, pour un reflet de ciel sur des pétales gorgés, on peut plaquer son passé pour tout, pour n'importe quoi.

Le soleil glisse sur l'eau. Ne regarde pas, Friquet, ne regarde pas sur ta droite, c'est le vide des boues et des marécages, personne n'est jamais venu sur ces terres mouillées; elle n'existe pas, la silhouette blanche, immobile et lointaine, une statue de sel et diamant dressée dans le couchant, sans ombre... La distance est si grande que je ne peux voir s'il a des jumelles ou à nouveau son appareil photo... Comment a-t-il pu venir ici? Il est seul dans l'immensité plate, face aux remparts de la ville... Je sais que c'est lui, aussi sûrement que si je sentais le parfum de mort, suc de tubéreuses, les joues huilées sans rides et sans couleur, quelle main a lavé ce visage de ses propres traits?... Une pâte uniformément répandue et les coupures étroites des yeux invisibles. Oublie, cela ne compte pas, cela n'a rien à voir avec ce que tu vis... Il ne nous lâche jamais, présent sans cesse; il m'a frôlé au Chowk devant les statues, il entre dans ma chambre, il nous suit de loin, de l'autre rive... Ne regarde pas, rien ne doit transparaître.

Parti.

J'ai beau chercher, il n'y est plus... On ne peut se cacher dans ces étendues, pas un obstacle... C'était un reflet alors... Le mirage d'Orient, la fatigue, les explications ne doivent pas manquer...

Ma chemise s'est soudée à mes épaules. Cet homme n'était qu'un début de palu ou de Dieu sait quelle saloperie, il faut que je pense que c'est là la vérité.

Ram Nagar disparaît derrière la poupe de la barque. Je me demande qui, dans la salle d'apparat, le gardien solitaire attend, dans le palais vide, sous le ventilateur aux ailes mal huilées ?... C'est l'heure où les pierres ont la couleur des pierres, le temps, au cœur des pièces ombreuses, ronge patiemment l'intérieur, érodant les tissus; et il me semble, lorsque la dernière tour posée à l'horizon s'efface derrière le banc de brume, que demain il n'y aura plus que ces pierres hiératiques qui sont les ossements des mondes anciens.

Elle regarde le vieux rameur aux muscles distendus sous la peau noire et une larme vient d'apparaître dont je ne connais pas la raison, une larme bleue sur sa joue illuminée par le couchant, une larme étroite et brillante comme une étoile de saphir.

Nous arrivons; ce fleuve est large comme la mer, le batelier contourne les bancs de sable et le vert du Gange s'égratigne de ces bouquets défaits, couleur de vieilles tuiles... Le fleuve est si lourd par ici qu'il ne s'y reflète plus rien. Un sari de flamme et de soie sèche sur un ponton, il bat dans le vent.

Elle me sourit.

« Il faut voir le crépuscule en bateau, vous allez trouver cela si beau que vous reviendrez. »

Rouge des remparts, les bienheureux immobiles miment les statues sur les pilastres des colonnes, ils sont deux à l'avancée du fleuve sur le ponton de pierre, ils restent ainsi des jours et des jours perdus dans..., dans je ne sais quoi. Je ne savais rien de l'Inde avant de venir, j'en sais encore moins à présent; cette multitude de dieux, de gestes, de castes, Dourga l'invincible cerné de yatagans, Ganesh l'éléphant, le roi des singes, Kâli la dangereuse, Shiva le bienheureux et tous les colliers différents dans les mains tendues, fleurs de lotus, graines, santal, Râma, Krishna, Bouddha, plus de trois millions de dieux, dit-on...

« Dix roupies, dix roupies seulement. »

La barque s'est amarrée à la nôtre; notre batelier, de connivence, range ses rames, des planches clouées sur des perches dégrossies.

Elle soupèse les colliers, discute; le vendeur s'égosille, la voix monte sur les eaux. Du haut des escaliers, les chants coulent, scandés de gongs et troués du son frileux des trompettes tibétaines... Des parasols nattés, circulaires et immenses, masquent la flottille et les échoppes qui dévalent de la place Dasashwamedh jusqu'aux berges.

« Huit roupies. »

Le vendeur mélange les colliers, alterne sur ses bras tendus les noix perforées, les grains d'épices, muscade, coriandre; l'odeur musquée des bijoux couvre celle, douceâtre, des fanges du rivage.

« Sept roupies. »

Elle est très calme, inébranlable. Le type s'énerve, les orteils recroquevillés étreignent le plat-bord et il se tient en équilibre, les trois quarts de son corps hors de sa barcasse; les colliers valsent, il en rajoute encore, jacasse à perdre haleine. Tout près, une barque passe; à l'avant, un homme tient dans ses bras un paquet d'étoffe, une poupée dodelinante.

« Un enfant... On ne brûle que les adultes, il va le jeter dans le fleuve. »

Je le suis des yeux tandis que la transaction continue, vociférations, roupies, plaintes, boules sculptées et odorantes, parfums épais, mi-joyaux mi-épices... La barque glisse : à l'avant, l'homme a soulevé le corps qui s'enfonce sans éclaboussures, je le vois osciller entre deux eaux, descendre.

« On dit que dans cet endroit du fleuve il y a de minuscules ossements sur près de vingt mètres d'épaisseur.

— Six roupies. »

Sanandra, magnifique, est sourde aux lamentations; le malheureux fait tournoyer des colliers, tend des bras implorants. Il lui manque trois doigts à la main droite. La lèpre ? Je ne sais plus...

Le corps continue de s'enfoncer... La plus vieille ville du monde, le plus vieux fleuve, nous flottons sur des cadavres d'enfants, ils sont là en dessous à dix mètres, moins peut-être, et voici des éclairs blancs, les ventres d'écailles des poissons carnassiers.

« Cinq roupies. »

Elle soupire, fait signe de ramer; le vendeur pousse une dernière plainte, ça y est, il se décide, elle les a; je la devance et paie : trois roupies et j'ai au moins trente colliers de toutes sortes.

« Je vous prends comme femme d'affaires, dis-je, félicitations. »

Elle hausse les épaules.

« J'ai toujours adoré ça. A Paris, la première fois que j'ai pris l'autobus, j'ai discuté un quart d'heure avec le chauffeur pour qu'il baisse le tarif; il y avait de l'impatience dans l'air. Vous n'aimez pas marchander ?

— Je ne suis pas fort, je me fais avoir très rapidement. »

Elle me regarde sévèrement.

« N'achetez rien sans moi.

— Ça m'arrange. »

Le batelier laisse glisser, il rame à peine; soixante-dix ans, peut-être plus; il mâche des graines dans une feuille sèche.

« De l'opium, dit Sanandra, il doit ramer sept heures par jour pour pouvoir se payer sa ration de drogue. »

Les yeux immenses sont striés de jaune. Il est très beau encore. La majesté de la crasse et du haillon. Les poignets sont fins. Des bracelets s'enroulent autour de ses chevilles... Qu'est-ce pour lui, Bénarès ? Des eaux sans cesse brassées, un voyage recommencé qui ne mène à rien ; il mâche sa pâte de rêve, des gens sur son bateau dont il ne voit plus les visages qui le hèlent du quai, et un jour l'arrivée : le grand terminus dans la cendre des crématoires.

Voici à nouveau les tambours de la ville, les escaliers défilent en lents panoramiques.

« Je n'arrive pas à me mettre dans la tête d'un homme qui sait que rien ne bouge, dis-je ; en fait, pour moi, rien n'a jamais vraiment bougé : le métier, le mariage, trois enfants ; mais enfin je peux envisager une autre vie, un avancement professionnel, un... Enfin cela remue, la vie, il y a des progrès, des reculs, des mouvements...

— Non, vous n'y êtes pas encore. Imaginez ceci : Vous êtes né dans les quartiers de Kotwali ou de Bhelpura. Votre père vend depuis soixante ans du sucre de canne dans une échoppe grande comme un lit d'enfant. Il y bout l'été et s'y chauffe l'hiver avec quatre braises dans un four de terre cuite. Il a vécu de cela et c'est de cela que vous vivrez à votre tour. Ce n'est pas que vous ne pourriez pas faire autre chose, c'est que vous n'avez même pas envie de changer.

— Est-ce que j'aurais au moins envie de le faire ce quelque chose que faisait mon père...

— Sans doute même pas, mais vous le feriez. »

Je ne trouve plus mes mots ; je sais ce qu'elle veut dire.

« Ce n'est pas du fatalisme, poursuit Sanandra ;

ces gens ne sont pas résignés, simplement leur vie n'est pas une route à parcourir, c'est le seuil d'une porte sur lequel ils s'installent pour toujours. Nous menons des vies arrêtées. »

C'est vrai qu'il doit être bon de s'installer une bonne fois pour toutes; tout n'est peut-être pas négatif dans ce système.

« Alors pas d'angoisse? Pas d'espoirs ni de regrets? Pas de « j'aurais pu »? Pas de « si j'avais su », pas de « si j'avais eu plus de chance, cela aurait été autrement »?

— Regardez-les, le bûcheron qui fend à la hache les troncs pour les bûchers, vous le regarderez, et seuls ses yeux vous donneront la solution : ni heureux ni malheureux, autre chose qui peut s'exprimer par beaucoup de mots différents.

— La faim n'en a qu'un, Sanandra. »

La toile du sari, entre l'épaule et la joue, se gonfle comme une voile délicate. Les vents tièdes se sont levés, ce sont les vents du soir.

Les rames ont encore cessé de trouer l'eau. Le rameur s'endort, les yeux fixes, face aux palais.

« Peut-être », dit-elle.

Une procession sur la berge, des musiciens blancs à turban mauve. Ils avancent, crasseux, pantins misérables aux musiques cacophoniques. Pas un uniforme indien qui ne soit ridicule : soldats, flics, musiciens, tout est râpé, râpeux, taché; des nabots nagent dans des vestes à la dérive, des colosses se tassent dans des vareuses élimées, le trompette s'égosille dans un col luisant de graisse. Défilé clownesque et risible, je n'ose demander à Sanandra qui sont ces guignols empanachés; le flûtiste avance en Charlot, les pieds de travers, talons brûlés d'ampoules... Quelle folie d'avoir mis des vernis sans chaussettes, les autres sont pieds nus dans des sandalesplastique, la grosse caisse perd ses épaulettes qui lui pendent jusqu'aux coudes.

Rien n'est plus noble que ces bateliers dormant sur le fleuve, rien n'est plus pitoyable que ces pantins douteux aux notes discordantes, traversant la ville, malingres et enturbannés... Ce pays ne supporte pas l'uniforme.

Je paie, allonge un pourboire royal sous l'œil sévère de Sanandra qui sait que ce n'est pas générosité mais faiblesse, et nous suivons la fanfare qui s'éloigne, pauvres musicos pouilleux brillants d'usure; il ne reste que le fleuve et le soir qui s'installe en cartes postales avec les palmiers dorés en contre-jour. Déjà les premières lampes s'allument dans le Chowk, autour de la mosquée, une nuit de plus... Dans les corps emmêlés qui vont dormir au bord des rives et dans les couloirs des rues étroites, combien seront morts demain ?

« Eh ! les barbouilleurs ! »

Jordi le Catalan, installé entre marbre et boue sur une chaise branlante devant un thé saumâtre. Il se prélasse, cerné de kodaks, saute sur ses pieds, embrasse Sanandra sur les deux joues et nous contemple, attendri, comme s'il venait de bénir notre mariage; je comprends qu'à ses yeux nous formons à cet instant un couple vaguement incompréhensible mais certain. Idiotement, cela me fait plaisir, j'aime bien ce faux fakir rigolard et rouspéteur.

« Venez, je vous présente... »

Je serre la main d'un géant malingre aux cheveux blanc sale, longue et filiforme asperge qui courbe ses soixante ans sur un échiquier de guingois. Les épaves me fascinent, ce type en est une splendide, j'ai l'impression qu'il prend l'eau de toutes parts; il fait trente-cinq degrés et, par les trous du premier pull-over, on en aperçoit un deuxième dont la trame révèle un maillot de coton, les trois superposés cuits et recuits par des années de crasse. Depuis quand ne s'est-il pas lavé? Le pantalon de pyjama rayé godille sur des mollets absents qui plongent dans des brodequins aux lacets défaits.

« *You play?* »

J'accepte la partie; il baragouine un sabir invraisemblable et je place mes pions tandis que je comprends qu'il est australien, qu'il avait un bateau autrefois et qu'il s'est installé ici pour toujours.

Voici donc un aventurier, grand lascar blond et blanc dont le corps déjeté se ploie sur l'échiquier, dégageant un remugle de sueur et de vieux vêtements. Entre ses pieds, une mangue entrouverte qui doit être son repas du soir. Il m'explique qu'ici on vit pour pas cher, pour rien pratiquement; il rend de petits services, la drogue, un peu le jeu. Il me prend une tour, avance un cheval et rit; les dents sont pourries, une rangée de chicots vert pomme. Rien à voir avec Hemingway, l'aventure ne paie plus, l'œil délavé évoque les grands trois-mâts, les corsaires crochés dans les haubans. Il montre Sanandra.

« *Beautiful girl, indian girl good, very good.* »

Il a un geste des deux mains sans équivoque qui me fait me gratter la tête. Sanandra discute joyeusement avec Jordi.

Il me rafle un fou et pousse son attaque sur mon flanc gauche tout en se grattant les paumes des mains dont la crasse se desquame. Il me propose des garçons, de l'héroïne, prétend avoir connu Henry Miller et sort de sous sa fesse gauche un Horace en latin, une édition du XVIIIᵉ siècle de la dimension de vingt centimètres carrés reliée en vélin; la couverture pend, lamentable, et, après m'avoir barboté la dame et trois pions, il commence à réciter les vers du poète d'une voix cassée mais mélodieuse.

Qui est-il ? Comment peut-on en venir à finir ses jours sur les bords du Gange avec trois pull-overs, un jeu d'échecs, un Horace et un pantalon de pyjama ?

« Il vit dans un temple, dit Jordi, sur les bords de la Varuna, il n'a pas un rond. Il s'installe ici tous les jours, se fait offrir un thé par les touristes et joue aux échecs. Je me demande s'il sait si la deuxième guerre mondiale est finie.

— De toute façon, il s'en moque, dit Sanandra. Vous me semblez mal parti. »

Sur l'échiquier, il n'y a plus que des pièces noires; l'amiral Nelson me soulève ma dernière tour et se frotte des mains squelettiques et écailleuses.

« Je n'ai pas la tête à ça, dis-je, quelque chose me tracasse.

— Quoi ?

— Ce cercle d'or, dis-je, pourquoi ? Je n'ai pas cessé de vouloir vous en demander la raison depuis ce matin. »

Elle n'a pas sourcillé; elle porte la main à son front, me regarde.

« Cela vous plaît ? »

Un cavalier en moins, j'ai l'impression qu'il joue deux fois de suite, tellement mes pièces disparaissent vite.

« Beaucoup, dis-je, mais... »

Une goutte large, sur une case blanche.

« Eh bien, voilà, dit-elle, c'est très simple; c'était pour ça, pour que cela vous plaise. »

Une deuxième goutte, une troisième. Je suis échec et mat.

« On se tire, dit Jordi. On bouffe ensemble ? J'ai trouvé un truc terrible. »

Nous ne cesserons pas de nous regarder. Voici

la pluie à présent, le clapotement s'accélère sur les pierres chaudes.

Je sais maintenant que je ne partirai pas.

J'ai senti dès l'entrée du couloir qu'il y aurait quelque chose.

Je ne peux pas expliquer pourquoi, mais j'en avais l'intuition...

Cela faisait un triangle blanc sur la moquette sombre... J'ai poussé la feuille du pied vers l'intérieur avant de refermer la porte.

Dieu sait pourquoi, je n'ai pas examiné la photo avant de m'être enfermé dans la salle de bain.

Ce n'est pas une des servantes qui a laissé tomber l'image de son soupirant. Il y a quatre hommes côte à côte, ils sont de face sur un fond uni; gris peut-être. Ils ont tous, les bras le long du corps, un garde-à-vous malhabile. Je connais le troisième en partant de la gauche : on a glissé sa photo sous ma porte il y a deux jours.

Idiot de l'avoir déchirée. L'expression est la même, je ne suis pas sûr que la première ne soit pas un agrandissement de celle-ci.

Qui est cet homme?

Bon Dieu, mais qu'est-ce qu'on me veut? Qu'est-ce qu'on cherche? Je n'ai rien à voir avec leurs histoires, moi, je suis là pour huit jours, je viens pour..., enfin je ne sais plus très bien pourquoi je suis venu, mais, si je rencontre l'imbécile qui s'amuse à me glisser des coupures de journaux sous la porte, je lui casse la gueule avec perte et fracas...

Cette fois-ci, j'ai la trouille... Ça va être dur de ne rien lui dire... Je ne peux pas l'ennuyer avec ça... Ou alors, je quitte l'hôtel. Si ça recommence, je quitte l'hôtel...

150

Je ne vais pas perdre une journée à guetter les allées et venues.

Du coup, j'ai bu trois verres d'eau du robinet, l'eau tiède et gorgée de bactéries; si je pouvais noyer ce visage... Certain de ne l'avoir jamais vu. Certain.

C'est à ce moment-là que j'ai senti l'odeur... Ce fut très fugitif cette fois, elle a stagné quelques secondes puis s'est enfuie, rapide comme la mort d'une fleur.

IX

SANANDRA d'or liquide, de vieil or puisque dans la violence du jaune se sont camouflées des touffeurs rouges comme les dernières braises des grandes fournaises. Le tissu semble plus lourd, comme si l'or s'associait toujours à l'idée de poids. Des pépites fondues tournent en vermeil autour de ses hanches, elle resplendit, chamarrée, femme eldorado dont chaque pas s'enrobe de l'huileuse et resplendissante liqueur des soies ciselées et lamées.

Les orteils ancrés dans un sac de cent kilos de cannelle, le Grand Moghol en turban fraise à franges d'argent se vide les sinus d'une giclée lourde qui gifle la boue à quinze centimètres de mon pied droit. Un rickshaw qui draine deux énormes mafflues en sari violine et bouton-d'or me klaxonne dans les oreilles. Je saute en l'air, retombe sur un agneau. La rue n'a pas un mètre de large et deux charrettes de foin y sont coincées.

« Ça va passer, dit Sanandra, nous survivons grâce à ce genre de miracles permanents; j'ai vu des camions pliant sous des tonnes de troncs d'arbres franchir des abîmes en roulant sur des ponts de planches pourries... »

Je tente de trouver quelque chose de drôle à dire lorsque la vache plantée entre un rétameur de seaux à charbon et un rempailleur de lits me laisse tomber une bouse agressive au ras du pantalon.

Je sens que ce n'est pas mon jour de chance. Quatrième jour à Bénarès, j'ai de la fièvre peut-être, je me sens vaguement flageolant, je prends cependant ma quinine comme un enfant bien sage.

Je rattrape avec peine Sanandra qui zigzague devant moi dans la foule... Des manucures décharnés coupent au rasoir les ongles des enfants dans l'embrasure des portes. Deux buffles dans un couloir broutent des journaux déchirés.

« Bénarès n'a pas d'ordures, dit-elle, les enfants ramassent même les bouses de vache et les vendent comme combustible, cela éloigne les insectes. »

Deux crachats se croisent dans le soleil. C'est la journée. Il fait une chaleur d'enfer et des toux résonnent à l'intérieur des échoppes.

Des bijoux bronze et métal, des statuettes, des brocarts, tout un bric-à-brac pour Américain.

« Vous n'achetez pas des souvenirs ? Vous ne voulez pas un petit Taj Mahal ? »

Le Taj Mahal, c'est le Sacré-Cœur plus la tour Eiffel, plus l'Arc de Triomphe, avec en prime une vague allure de boîte de camembert. On le voit partout.

« Ne vous foutez pas de moi. »

Elle s'est arrêtée et me regarde; je me sens minable, trempé de sueur, le nez écarlate, l'air égaré. J'ai une envie subite de me flanquer des gifles.

« Qu'est-ce que vous avez ce matin ?
— Rien.
— Vous voulez rentrer en France ?

— Non.

— On fait un caprice ?

— Non. Je voudrais savoir pour Louis, je dois lui écrire. »

Perchée entre deux fenêtres, à trente mètres au-dessus du torrent de la rue, une chèvre lèche la peinture d'une grille et se dresse sur deux pattes pour brouter d'immenses palmes qui jaillissent des fenêtres. Ici les maisons ne sont plus que des façades, les racines crèvent les murs.

« Nous ne devions en parler qu'à votre départ.

— Il approche. »

Je ferme les yeux ; elle a posé le dos de sa main sur mon front, elle l'enlève et il reste une marque fraîche. La foule autour nous bouscule. Je ruisselle.

« Un peu de fièvre, dit-elle ; je vous offre un thé au calme, ce ne sera rien. »

Et maternelle en plus.

Hauts escaliers adoucis par le sable des crues ; nous pénétrons par des portes basses dans des cours en série, protégées par des palmes. Des trous dans les murs, des cellules obscures, une lumière bleue y filtre à peine. Des formes sont couchées et on ne voit briller sourdement que des sphères de cuivre contenant l'eau sacrée. Quelques lampes à huile.

Un homme s'est levé, salue Sanandra et nous entrons. Je sens que ce lieu est interdit d'ordinaire.

« Où sommes-nous ? »

Dans l'enfilade des cellules, des corps sur des bat-flanc ou à terre. De l'eau coule entre les dalles.

« Ceux-là sont venus mourir ici, ils ont senti qu'il était temps et attendent pour pouvoir être brûlés.

— Vous avez le secret de découvrir des coins champêtres. »

Elle traverse la cour du côté opposé aux cellules et s'assoit sur un banc de pierre.

« On va nous apporter du thé, cela vous fera du bien. »

Entre les branches des manguiers, voici le paysage du fleuve : les felouques ensablées fourmillent d'enfants nus, de rats et chiens sans force. Derrière nous, la mort stagne dans les cachots.

Elle a mis ses coudes sur ses genoux et posé sa tête dans la paume de ses deux mains.

« On est de mauvaise humeur ? »

Cigarette. J'essaie de biberonner à l'indienne sans succès.

« Oui. Qui est ce Ghamal ? »

Je tousse et précise doctement :

« Je défends les intérêts de mon fils. »

Ghamal, je l'ai rencontré hier soir, dans un innommable restaurant découvert par mon Catalan; c'est un Indien Sikh, œil aigle et velours, l'aigle pour moi, le velours pour Sanandra qui, si j'ai bien compris, fait avec lui des études conjointes. Fortement politisé, il semble, à l'entendre, qu'il représente à lui tout seul l'aile avancée de la nation dans la voie de la révolution marxiste-léniniste. Du poulet au yaourt jusqu'au café hypersucré, il n'a pas arrêté de postillonner sur l'action effective du maoïsme dans les territoires asiatiques, tout en dévorant de ses yeux charmeurs la très adorable Sanandra qui semblait manifestement ravie. Si j'ajoute qu'il fait un mètre quatre-vingt-dix et a des mains d'étrangleur, on comprendra que je le déteste.

Le thé arrive. Un serviteur dravidien au front rayé de bandes jaunes apporte les tasses, les pouces plongeant dans le liquide. Etant donné la manière qu'ils ont de se moucher, tout cela me laisse rêveur. Et puis, au diable l'avarice, on n'attrape le choléra qu'une fois.

« Ghamal Auchinleck est l'un des étudiants les plus brillants de l'Université; il représente d'une certaine façon l'espoir de bien de ses professeurs. »

Je grimace. C'est brûlant, mais bizarrement cela rafraîchit.

« Ravi que ses profs soient contents de lui, mais vous, qu'en pensez-vous?

— Pourquoi, est-ce important?

— Parce que j'ai eu l'impression qu'il allait escalader la table pour vous dévorer de baisers.

— Eh bien, vous avez tout à fait raison, remarque Sanandra; il l'a même escaladée une fois. »

Je me rebrûle instantanément.

« Qu'est-ce que je vous disais! Ce type est un escaladeur. Et qu'est-ce qui s'est passé?

— Rien de spécialement palpitant, il l'a réescaladée en sens inverse.

— Vous avez très bien fait, dis-je, je n'ai rien contre lui, mais, à mon avis, c'est un espion du pouvoir impérialiste unissant la cupidité à la brutalité. Il n'en est pas à son premier meurtre et s'occupe de traite de jeunes fillettes, de trafic de drogue, s'habille en femme dans sa salle de bain et est rempli de maladies détestables et contagieuses. Bien entendu, je ne cherche pas à vous en dégoûter. J'ajoute que je tiens mes renseignements de source sûre. »

Elle rit; l'or soyeux descend en cataracte de son épaule jusqu'à ses pieds.

« Il n'y a rien entre Ghamal et moi. Louis peut être rassuré. »

Je regarde ces lieux où je ne viendrai plus. Ils sont les plus extraordinaires du monde; désirés pendant toute une vie, ces cachots sinistres creusés dans la pierre des temples sont la promesse parfaite d'une mort absolue et réelle; jamais plus ces âmes ne folâtreront dans un corps.

Sanandra pose sa tasse où reste une auréole de thé amer.

« C'est bien Louis qui est rassuré, n'est-ce pas ? »

Voici un cortège qui passe, la mort vêtue de rouge et de rose dans la soie d'un linceul splendide, la mort ficelée dans ses hardes brillantes qui n'est plus rien soudain qu'une forme brinquebalante; j'ai trouvé le lieu où il n'est plus temps de mentir.

« Non, dis-je, c'est moi. »

Il n'y a plus de mort, elle n'a jamais eu d'importance; il n'y a que cette femme d'or et de chair, Sanandra qui est la vie, une vie totale, ronde et lumineuse, une fille ensoleillée, tendue sur le ciel le plus funèbre de la planète, et je n'en reviens pas d'être parvenu à lui dire si vite que je l'aimais; peut-être est-ce que je viens de me l'apprendre à moi-même.

Voici que les tambours reprennent; inlassables, ils poursuivent la chanson de toujours.

« Partons, dis-je, ou je vais escalader la table. »

Elle s'est levée en même temps que moi. Sa main touche à nouveau mon front, glisse le long de ma joue.

A l'est, sur Manikarnika, les bûchers flambent. Fonce, James Bond.

« Un homme dans les trente ans, style professeur, hindou, moustache impeccable, cravate et chemise blanche, ça ne vous dit rien ? »

La main s'est arrêtée, les yeux restent les mêmes, pas un cil n'a tremblé.

« Je ne sais pas... Où l'avez-vous vu ? »

Des nerfs d'acier ou elle ne sait rien. Je suis

cinglé... Quel rapport entre elle et cette histoire à dormir debout ?...

« On m'a glissé une photo sous la porte, par deux fois. »

Pourquoi est-ce que je lui sors ça au moment où tout bascule, à croire que je cherche à jouer l'agent secret... Si tu as une histoire d'amour à vivre, ne complique rien, ce n'est déjà pas du tout cuit.

« Il y a aussi un type habillé tout en blanc, un visage lisse, un corps de femme, des yeux comme deux traits de crayon sur une feuille de papier; il sent un parfum bizarre, comme des fleurs oubliées dans un vase. »

J'attends. Elle ne bronche pas, elle n'a eu aucune réaction; peut-être est-elle restée un soupçon de trop impassible.

« Je ne comprends pas, qu'est-ce que vous me racontez là ?...

— Il nous suit. Il est sans doute quelque part en ce moment, caché dans un des temples. Il doit nous regarder.

— Vous cherchez à me faire peur ou vous devenez fou ? »

Je n'arrive pas à savoir si elle joue ou non...

Toutes les fenêtres sont noires d'ombre, des ouvertures de toutes les formes nous surplombent, nous sommes le fond d'un puits, au cœur des regards.

« Vous avez de la fièvre ou l'on vous fait des farces, je ne comprends pas... »

La lèvre tremble un peu.

« J'avais déjà remarqué que vous alliez beaucoup au cinéma... »

Je ne continuerai pas l'interrogatoire, je n'ai pas le temps. Quelques jours me restent, et je n'en distrairai pas une heure pour jouer au cowboy; ils peuvent me refiler toutes les photos de l'univers sous la porte et des complets blancs peuvent surgir de toutes les embrasures, ce n'est pas cela l'important.

Un nom soudain : Louis... Ses amis étranges... Si tout venait de lui... Après tout, si je suis là, c'est par lui, il s'est peut-être fait des ennemis, ceci est une piste peut-être...

« Cela vous inquiète?

— Je m'en fous, il n'y a que vous qui m'inquiétez. »

Je n'ai pas lâché sa main.

« Pourquoi?

— J'ai la frousse que vous ne m'aimiez pas. »

Le sourire s'agrandit.

« Nous voilà bien, dit-elle.

— Je ne vous le fais pas dire. »

Nous courons, cernés par trois mille mômes; devant nous, un rickshaw. L'homme sous la toile est caché par deux gigantesques affiches qui brimbalent dans les cahots et les tournants : *Shaila Babu.* C'est le film du moment.

La musique éclate, l'homme colle un micro dans le haut-parleur d'un électrophone nasillard et interrompt la musique de remarques hachées et enthousiastes. Sur la photo, une femme au ventre nu, soutien-gorge pailleté à clochettes tibétaines et sourire dodu, braque un 6,35 sur un élégant et grassouillet jeune homme qui a l'air de sortir d'un magasin de confection. Il va tomber dans une splendide piscine rose bonbon. Des palmiers groseille et une Cadillac cerise meublent les coins... On voit aussi un hélicoptère et des cavaliers au galop. Western? Danses orientales? Toute cette confiserie m'attire.

Sur l'affiche, l'héroïne a une bonne tête; on a

l'impression qu'elle passe sa vie à manger de la pâte de fruits.

« Le peuple le plus maigre de la terre a les acteurs les plus rondelets. Ils mangent pour nous. Si tu aimes les femmes potelées, tu seras servi; quant aux hommes, plus ils ressemblent à des chefs de bureau grassouillets et plus le public en redemande. Ici, tout est simple : si vous avez de la valeur, vous devez être gros. C'est une esthétique sommaire mais explicable. »

Je pile net.

« On y va?

— Où ça?

— Voir *Shaila Babu...* »

C'est les vacances. J'aime la fiancée de mon fils, elle a vingt-cinq ans, moi la quarantaine, j'habite Paris, je suis en Inde et j'ai envie d'aller au cinéma. Rien de plus simple.

Nous courons dans les rues. Je vois le fronton au-dessus des têtes, puis une coupole, immense, hangar, mosquée, cathédrale, et voici les queues du tiers monde, les folles ruées vers les écrans les plus gigantesques et les plus crasseux de l'univers... Sanandra se faufile, je suis, des billets en double exemplaire format feuille d'impôts avec des numéros au crayon bleu comme dans les vieux cinés de province.

« Vite, ça commence... »

J'écrase des pieds, des épluchures de cacahuètes, j'y suis. Elle est là, toute proche dans le noir, près de moi, encore trois jours. *Shaila Babu.*

Les Delon de l'Inde dînent donc? Ils ont des postérieurs matelassés et plus que prospères.

Salle folle comme une mer d'orage, dimension de la cathédrale de Chartres avec trois balcons et écran vert-de-gris de trente mètres de haut. Eclatement des confitures, c'est parti dans la joie et les applaudissements, déjà Shaila Babu s'élance d'un balcon, saute au ralenti, arrêt de l'image scandé par un coup de cymbales à péter les tympans et *flaoup,* le voilà à terre devant l'ennemi. Un type à moustache, donc un méchant, à chapeau tyrolien et chemise hawaiienne, lève un couteau d'un mètre cinquante. Shaila se retourne, allume une cigarette, semble vouloir commander un Martini sans olive, fait un clin d'œil en gros plan et expédie une manchette au vilain qui a eu la patience de l'attendre et qui tombe dans une piscine à requins. Tollé, cris, joie, hurlements et c'est toujours le générique dans un déluge de musique. Je me retourne, tout un balcon, une arène qui fonce vers l'écran gigantesque. Les yeux me brûlent déjà. Attention, une danseuse en surimpression, collants noirs avec petits miroirs incorporés et voile de mousseline pêche-abricot, par-dessus des caleçons de bain 1915, courtes cuisses et bourrelets assortis.

Sanandra se penche.

« Nashi Ravindrata, notre Marilyn. »

J'admire, ébahi. Un type lui fonce dessus, à la Marilyn, elle l'attrape par un bras et il fait trois tours en l'air, elle ne s'est même pas arrêtée de danser, elle se déhanche sur place au bord d'un plateau tournant. Tiens, des personnages tout rouges dans un grand parc. Un petit garçon court, peint en vermillon, il a dû tomber dans un seau de peinture.

« Quand ça change de couleur, c'est qu'il s'agit de souvenirs », souffle Sanandra.

Voilà des skieurs, des pentes neigeuses; une voiture énorme en gros plan, crac dans un mur, des briques de carton volent au ralenti, un monsieur rigole sur le côté de l'écran, il ne devrait visiblement pas être là, mais la pellicule doit coûter cher, on ne va pas tourner une seconde fois pour si peu.

Revoici la star, cette fois un revolver de trente kilos dans une main, une cigarette de cinquante centimètres de long dans l'autre. Elle se vautre sans raison sur un lit orange avec baldaquin bleu dans une chambre circulaire couleur œuf sur le plat. Fin du générique.

Je prends ma respiration mais trop tard, un déluge de notes comme si j'avais des entonnoirs dans les oreilles et qu'on déverse dedans un tombereau de doubles croches.

Sur l'écran, les choses ne s'arrangent pas. Il n'y a pas trois minutes que c'est commencé et la star danseuse karatéka à caleçons longs et bourrelets apparents a déjà d'énormes problèmes, mais qui vient d'apparaître ?

Shaila Babu !

Charivari de satisfaction. Shaila Babu a du mal à fermer ses complets; non seulement il a de quoi s'asseoir, mais il fait de la dilatation d'estomac. Il tente comme un fou d'exprimer l'intelligence la plus vive en pinçant les narines, en serrant les lèvres, en haussant les sourcils et en fermant les yeux d'un air subtil et entendu. Seules les oreilles n'ont pas remué.

Sanandra colle sa bouche contre mon oreille.

« Le peuple ne voyage pas, on doit lui faire connaître les différentes régions présentées sous le jour le plus touristique possible. Le pays le plus pauvre du monde offre à lui-même l'image du pays le plus riche. En ce moment, c'est le Cachemire et ses sports d'hiver, ce qui ravit évidemment le manœuvre de Calcutta ou le porteur de Madras. »

De gros Sikhs pleins de fric et de fesses skient pesamment.

« Le Sikh sexy skie, dis-je, répète-moi ça dix fois sans respirer. »

Mouvements divers autour de nous, nous faisons manifestement trop de bruit.

Poursuite, on essaie de projeter la belle dans un ravin. Elle fuit. Miracle, une carriole. Sur la carriole, un cocher, et qui est le cocher ?

Shaila Babu !

La salle explose. Je demanderais bien comment il se fait qu'il soit là, mais je vais avoir l'air idiot.

Ils se regardent. Il porte un petit chapeau de bandit napolitain et une chemise de nuit brodée. Il ouvre la bouche et c'est le commencement de la troisième guerre mondiale.

Après deux minutes de déflagrations ininterrompues, je m'aperçois qu'ils chantent, j'avais oublié que tous ces films sont aussi des comédies musicales.

Mais voici que la fille en sari transparent et bottes d'argent plastifié manigance un coup fumant avec un triste ricaneur. Tenterait-elle de doubler Shaila Babu, cette misérable ? Tiens, autre chose, un petit pauvre. Ça, c'est extraordinaire. Sanandra s'agite, je sens son bras qui a bougé.

Le petit pauvre est gras. Il est gras, bien peigné, il ressemble à une publicité pour Ovomaltine ou autre bouillie gonflante pour gosses surnourris; il a une petite chemise bien propre avec un léger accroc à l'artiste pour faire plus vrai; on lui a fait en outre sur la joue une légère trace noire pour qu'il fasse tout de même un peu sale et il tend ses petits doigts boudinés pour mendier. Terrible image au fond, et j'oscille entre le rire et la colère; il y en avait par centaines, des enfants tout à l'heure sur les dalles, devant l'entrée du ciné, au pied du grand crachoir plein de sable rouge, les ventres gonflés s'écrasant sur leurs genoux cagneux : ils étaient gris, gris comme je ne pensais pas qu'un vivant puisse l'être, et là, en plein écran, ce chérubin rebondi mal maquillé et si cabotin... Même les pauvres sont faux, il n'y en a qu'un d'ailleurs, nous ne verrons rien de la misère du peuple, mais des salons Lévitan, yachts pour rois du pétrole, appartements-démonstrations pour Salon des arts ménagers...

Revoici Shaila Babu et sa chansonnette tonitruante. La fille se tortille, semble s'offrir ; vont-ils s'embrasser ? Sanandra me souffle :

« Jamais de baisers à l'écran ; dès qu'ils s'effleurent, on coupe. »

Ils se cajolent, minaudent, oh ! là ! ils deviennent tout verts. Mauvaise digestion peut-être ; non, j'oubliais, c'est le souvenir. Elle a un manteau de fourrure et un vanity-case. De la fourrure à Bombay, je ne conseille à personne d'essayer. Elle a un bébé. On le lui prend, elle crie en gros plan : même l'intérieur de sa bouche est vert, elle a l'Amazonie dans le gosier. La voici à présent qui danse, c'est sans doute par désespoir ou pour gagner sa vie, ce n'est pas très précisé. La salle soupire de tendresse et... entracte.

Lumières.

Je me retourne vers Sanandra. J'ai l'impression d'avoir boxé quinze rounds sans m'en apercevoir. Je n'ai jamais été aussi fatigué de ma vie ; même ma voix est en flanelle.

« Ce n'est pas fini ? »

Impitoyable, elle s'enfonce dans son fauteuil.

« A peine la moitié. J'ai oublié de te dire qu'un film indien moyen dure de trois à quatre heures. Donne-moi ton impression.

— Surprenant, dis-je. Ils sont tous comme cela ?

— Au dire des journaux, celui-là est le meilleur.

— Ah ! ah !

— Comme tu dis. »

La salle s'est vidée; par l'entrebâillement des portes, je vois des hommes boire des sodas dans le hall de fausse mosaïque. Je suis au cinéma avec Sanandra à Bénarès. La plus forte production du monde, le double de celle des Etats-Unis.

La publicité à présent : poudres à laver, pastilles pour la toux : l'Inde qui dort dans ses haillons et crache ses poumons se regarde, hypnotisée, sucer des valdas pour guérir sa tuberculose et s'effarer d'une goutte d'eau sur sa moquette... Ce sont peut-être les nouveaux rites exorciseurs, une sorte de magie pour remplir ce pays de filles à Cadillac et de Shaila Babu.

Obscurité : deuxième partie.

Un enfant, sans doute le rejeton de la grassouillette, joue de l'harmonica, des montagnes tournent, le voilà qui court dans un champ de fleurs, elle chante, elle doit être à deux cents kilomètres de là, mais, avec la voix qu'elle a, ce n'est pas étonnant qu'il l'entende. Valses de Strauss, il se précipite tout en émoi : « Maman, maman !!! » Elle chante toujours, les oiseaux s'envolent, hymne au soleil, alléluia, gloire à Vichnou et à tous les autres. Attention...

Rencontre.

Tous les deux immobiles de chaque côté de l'écran, des arbres style sapin de Noël au Bazar de l'Hôtel de Ville pendant l'Occupation. Une étoile monte, inonde la mère, ils se jettent dans les bras l'un de l'autre, hurlements dans la salle, cymbales; j'applaudis aussi malgré moi. Sanandra rit, ennuyée et heureuse de se laisser aller. Des feuillages tourbillonnent, ils s'étreignent dans la gloire des projecteurs.

La fin peut-être. Nous sommes en charrette comme au début, avec l'enfant en plus. Le gros Babu serre ses deux chéris dans ses bras et lâche un dernier hurlement de sirène; Vichnou traverse l'écran en papillon frénétique. *The end.*

Charivari, congratulations, la salle se lève avec peine, s'accroche aux sièges; mon Dieu! si ça pouvait durer encore...

Dehors, c'est l'enfer des odeurs et des couleurs. On aura rêvé trois heures.

J'ai vu *Shaila Babu.*

Université de Bénarès. Dans les allées semi-circulaires, les villas baroques de la bourgeoisie de la ville; dans une allée sous les palmes, à l'ombre du collège de sanskrit, s'étend un parc ombreux : c'est là que vit Sanandra Khanna.

J'ai le trac. Pas le temps de faire le point surtout, tout va trop vite. Que vais-je dire à Louis? Et moi, que vais-je faire? Amoureux comme à quinze ans, folie pure, je ne sais plus où j'en suis et ce repas en plus avec ses parents... J'ai une difficulté à imaginer les vieux Indiens érudits autrement que sous la forme de Gandhi; son père enseigne depuis plus de vingt ans les littératures européennes et a publié des études sur le roman dans les périodes coloniales.

C'est ici qu'elle est née, dans ces allées qu'elle a joué enfant; tout m'est soudain précieux puisqu'elle y vécut, des grilles rouillées aux colonnes blanches de l'entrée principale. Les palmes des bananiers créent une ombre rêche et râpeuse, voici la vasque et la statue de la déesse. Il existait donc ce lieu à l'autre bout du monde que j'avais commencé à ne plus chercher... Rappelle-toi, Jean-François, chacune de ces secondes, ta main touche ces feuilles au vert profond, tu marches dans ce parc languissant et torride où les pluies sèchent instantanément... Demain, dans trois jours, tu auras quitté ce jardin et cette femme et

166

il te faudra vivre de leur seul souvenir... J'en mourrai, j'en vivrai, je ne sais pas encore, mais comme elle est belle, la maison des Khanna, vieille et cachée dans les feuillages des arbres géants, et comme il a dû faire bon y grandir! Elle ne la quittera jamais, ceci est le bout du monde. Dans le hall en rotonde, elle m'attend en robe claire, lumineuse.

« Voici ma mère. Jean-François Varnier. »

Je m'incline. J'ai vu ça dans des films. Les cheveux blancs sont splendides, tirés en bandeaux, son sari est de soie grise, un équilibre exact de neige et de nuit; déjà son bras s'appuie sur le mien, son anglais est suffisamment hésitant pour que je le comprenne.

« Quelle folie de venir par ces chaleurs dans notre terrible pays, vous devriez monter dans les collines; allez à Simla, il y fait une fraîcheur délicieuse. »

Sanandra rit, me sert un Martini corsé et je m'enfonce dans un fauteuil de reps... C'est le salon aux boiseries obscures, des livres, des canapés, des statues, elle y est chez elle, elle est radieuse. Qui suis-je pour toi en cet instant? Des heures que j'endigue cette joie qui me monte, cette incroyable nouvelle que je ne parviens pas encore à m'annoncer; et si Sanandra la belle aimait Friquet le balourd?... Ce geste, ces doigts sur ma joue, ces élans dans la rue, cette main dans la mienne...

« Il faut vous expliquer, dit Sanandra, ma mère regrette le départ des Anglais, elle était gouvernante d'une famille dont le chef était secrétaire du vice-roi des Indes et elle adorait les fastes de la saison d'été. Simla fut Monte-Carlo à l'échelle indienne. »

La vieille dame sourit et acquiesce. Sa fille possède ses yeux, elle fut belle aussi, elle a dû connaître les longues robes, les calèches et les ombrelles du Mall, les coolies courant pieds nus pour protéger le silence des murs.

Une voix retentit :

« Ce qu'elle ne vous dira pas, c'est qu'à Simla, jusqu'en 1940, les rues pavées étaient interdites aux Indiens. »

Je me lève. C'est un doux vieux monsieur souriant, il ressemble plus à Nehru qu'à Gandhi. Il parle le français avec un soupçon d'accent auvergnat, bizarrerie linguistique.

Je lui serre la main, il embrasse Sanandra.

« J'ai passé deux ans à Simla en 1931 et 32. Toute la haute société anglaise était là durant l'été avec la garde impériale. Lorsqu'il y avait une réception au palais du gouverneur, les lanciers à cheval parcouraient les rues pour s'assurer qu'aucun visage sombre n'avait l'outrecuidance de choquer la vue des nobles Londoniennes. C'est cette période que ma femme regrette. »

Il rit tandis que sa fille lui tend un verre.

Je suis bien ici; il est rare que je sois si vite à l'aise.

« Je travaillais chez Mrs. Bloomfield, poursuit Mme Khanna, il y avait vingt-quatre domestiques — je ne compte pas les jardiniers ni les coolies. Les valets de pied avaient des gants blancs qu'ils devaient changer trois fois par jour, toutes les quatre heures exactement. »

La vieille dame poursuit son rêve tandis que son époux l'observe d'un sourire indulgent. Quelle étrange histoire d'amour a amené cet érudit à épouser l'ancienne gouvernante ?

« Vous avez de splendides livres, monsieur Khanna.

— Ceux-ci n'offrent pas grand intérêt, je vais vous montrer ma bibliothèque, il y a quelques raretés. »

Couloirs paisibles et cossus, des boiseries vieilles où court encore le reflet des cires blondes; voici le bureau : autour de la table chargée de dossiers, des reliures couvrent les murs. La lumière est diffuse.

« Sanandra adore travailler ici, nous nous partageons cette pièce. »

Elle ne partira jamais; le soir, lorsque le parc est blanc de lune, elle est à cette place au centre du halo que projette la lampe, une lumière ténue au cœur des grandes plaines. Au-delà des arbres, ce sont les derniers contreforts de la ville et le Gange à l'horizon... Les palmes battent les volets.

« Regardez, ce sont des éditions originales. »

Sur les rayons, Voltaire, Diderot, Rousseau.

« Un de mes élèves les a trouvées avec quelques centaines d'autres sur un fumier d'arrière-cour; lorsque le rajah de Bénarès est parti, les camions n'ont pas pu emporter les livres, les essieux pliaient déjà sous les lingots d'or. Nous avons pu en récupérer quelques-uns. Beaucoup ont été brûlés ou détruits. »

Les doigts secs caressent les pages jaunies.

On doit pouvoir travailler ici dans le silence des nuits d'Orient.

Et si je restais ?

« Monsieur Khanna, j'ai en France une vie idiote. »

Il me regarde et n'a pas l'air surpris. Peut-être ces lieux sont-ils propices aux confessions, il y a peut-être de la magie dans son regard accoucheur.

« Je me demande si je ne vais pas m'installer ici, tenter de trouver un but, quelque chose... »

Il sourit.

« Vous n'avez pas tout à fait le style hippie.

— Ni l'âge. Non, je ne cherche rien de mystique, simplement une vie moins bête. Je... Je n'arrive pas à expliquer. »

Il a allumé la lampe de son bureau et s'installe sur son fauteuil. J'ai l'impression que nous bavarderons toute la vie.

« Je me repentirai peut-être demain de vous avoir dit cela; mettez-le sur le compte de la défaillance ou d'une confiance immédiate. Je ne me confie en général que très peu volontiers. »

La vieille main se pose sur mon avant-bras. Cet homme est la bonté et l'intelligence réunies, et, si ce n'est pas vrai, j'accepte dès cette seconde de ne jamais plus croire en rien.

« On peut recommencer tout à chaque instant, monsieur Varnier, et en même temps on ne le peut jamais. »

Je ne connais pas ce vieil homme, nous avons bu un verre, c'est tout, un vieux professeur distingué qui m'accueille pour un soir dans sa maison, et voici que je lui raconte ce que je ne me dis même pas à moi-même.

« Sanandra a dû me verser un philtre dans le Martini, dis-je, je vous ennuie avec mes problèmes... D'ordinaire, je me contrôle davantage.

— L'Inde fut le pays des philtres, en effet; je ne crois plus qu'il en existe, mais il est possible que Sanandra connaisse quelques secrets. »

Rien ne lui a échappé. Il sait que mon désarroi vient d'elle; dans ce décor de confort et de silence, il regarde ce pauvre type débarqué d'Occident se débattre au milieu du filet que tissent les sorcelleries des amours dernières...

« Désolée d'interrompre votre discussion, mais le dîner est prêt. »

Nous la regardons ensemble; je sens qu'il la scrute, tendre cependant, et qu'il mesure déjà au poids de ses balances la part d'elle-même qui s'échappe vers moi.

« Alors ? »

Méfiant, je tourne la bouillie, attentif à la chaleur soudaine qui monte d'ordinaire des piments rouges; elle ne vient pas cette fois... Je goûte.

« Les Mille et Une Nuits ! »

Ils rient tous les trois de mon exclamation.

Le mouton baigné dans les aromates et cuit des jours entiers dans des marmites de cuivre sur les lents feux des fourneaux... La sauce au yaourt et aux huiles fortes sent le poivron doux, le poivre rose, l'anis grillé et la cannelle. Je trempe ma crêpe au sarrasin dans l'assiette et je déguste, béat.

Sanandra arrose de thé brûlant.

« Vous devenez un véritable Indien, vous serez affolé de ce que vos biftecks et vos frites vont vous paraître fades. »

Une Indienne aux bracelets en série apporte un nouveau plateau couvert de coupelles de sauces sucrées et violentes; l'odeur est déjà un opéra, douceur des violons et stridence des cuivres.

« Si je n'avais pas peur de finir ma nuit un pinceau à la main, j'irais féliciter votre cuisinière.

— Avec la nôtre, vous ne risquez rien. »

Sanandra me désigne une soucoupe contenant un liquide couleur de vieil or verni et strié du reflet vert des anciennes pièces de monnaie.

« Celle-ci, vous devez l'essayer du bout de l'ongle. »

J'effleure la surface du dos de la cuillère et dépose dessus une pointe de langue tremblotante.

Madonna Santa !

L'incendie de Babylone plus celui du Grand Bazar.

Je noie de thé et crache une flamme rouge.

« Je n'ai pas de fumée qui sort par les oreilles ? »

J'ai du mal à articuler. Les murs ondulent derrière la montée des larmes. Cette sauce est un incendie, elle doit suffire pour mettre le feu à la nappe.

« Pourquoi plus les pays sont chauds, plus la cuisine est-elle forte ? »

Sanandra et sa mère trempent leurs galettes d'une mixture dans une autre avec élégance et désinvolture, mariant les cocktails de saveurs et de couleurs; le vert des épinards se fond dans la neige des fromages battus où tremblent des pétales de roses fraîches. Ils mangent étrangement, en alchimistes...

Le père de Sanandra me tend le plat à nouveau.

« Ce n'est pas la bonne question; le problème est que les pays chauds sont aussi les pays pauvres et plus vous épicez, moins vous avez besoin de manger. C'est aussi pour cela que plus la bourse est plate et plus il y a de sucre dans les gâteaux. L'Afrique et l'Asie sont des terres à ulcères et à diabète, c'est la rançon de la faim vaincue. »

J'entame sous l'œil amusé de mes hôtes ma quatrième crêpe badigeonnée d'une sauce bleue épaisse comme un velours au reflet de satin... Inexprimable parfum.

« C'est la raïta, dit Sanandra; elle est faite d'oignons doux, de graines de jasmin et d'aubergines. »

Je m'empiffre. Je n'ai jamais tant mangé que dans ces pays où les enfants des rues vivent de cacahuètes et d'écorces d'arbre.

« Mrs. Bloomfield servait à chaque repas de la bière anglaise qu'elle faisait venir de Londres, spécialement pour la saison d'été de Simla. »

Le vieux Khanna sourit à sa femme. Elle va repartir dans une description enchanteresse de la résidence d'autrefois, le soleil sur l'or des carros-

172

ses, les pique-niques aux orées des jungles profondes, les aides de camp chamarrés, les rivières de diamants dans les bals impériaux... Rien ne pourra l'arrêter, personne ne le veut d'ailleurs et la voici qui s'élance sur les parquets et les tapis de jadis tandis que, dans la vieille demeure, sous le haut plafond à caissons, je respire une paix que je n'ai jamais connue. La pluie dehors abreuve les terres altérées.

Rien ne peut arriver ici... La flamme des chandelles bouge à peine... Suffisamment cependant pour qu'un reflet pétille encore sur le rectangle de verre à demi masqué par l'angle du mur... Le cadre d'acier poli fuit sous la lumière mourante. Au centre, un homme me regarde : il n'a pas cessé depuis que je me suis assis à cette place. Nous nous connaissons déjà. Je vais finir par connaître chaque pore de sa peau, chaque nuance de ce regard qui se moque, cette moustache taillée si juste... La troisième rencontre.

Voilà que je me surprends à savoir ne pas broncher. Il y a donc des jeux auxquels je sais jouer...

Pourquoi as-tu menti, Sanandra ? Qui est-il ? Tu sais beaucoup de choses... Peut-être sais-tu qui, par deux fois, a glissé sous ma porte cette photo découpée... Méfie-toi, je ne suis pas fait pour les énigmes...; mais comme il faut que soit profond l'envoûtement pour que je ne sois pas déjà parti...

« Excusez-moi de vous interrompre, madame Khanna, mais puis-je me permettre de vous demander qui est ce personnage près de la fenêtre ? »

Les bougies dansent toujours. Contre la porcelaine, l'argent d'une fourchette vient de tinter. Le vieillard fixe la fenêtre. Les mains de cire sont mortes de chaque côté de l'assiette.

Lentement, la tête souriante de la vieille dame pivote pour regarder dans la direction que mon doigt indique toujours. Impression soudaine que le plafond est plus haut que je ne le supposais. Un jeu des ombres, peut-être, un caprice des reflets sur les caissons. La voix de Sanandra résonne... Les cristaux luisent, pâleurs ténues, une bougie sur chaque facette.

« Monsieur Varnier, mon mari s'appelait Singh Chanderi. »

Il pleut toujours sur le jardin aux poupées d'argile.

X

CERNÉE du diamant noir des draperies soyeuses, Sanandra marche dans les rues blanches. Elle est un rayonnement au cœur d'une obscurité aux mille plis; bronze des bras sur la nuit miroitante et lustrée. En ce matin qui monte vers elle, elle transforme les ténèbres du tissu en fête de danse et de vie, Sanandra noire comme la joie.

Sur les pierres funèbres des coupoles, le semis vert pistache des perroquets jacasseurs. Nous montons l'escalier le plus raide du monde à l'intérieur du minaret est. C'est Alangir, la grande mosquée.

Une autre Bénarès s'étale, la musulmane. Les femmes y sont masquées; sur les toits, des enfants jouent avec des chiens minuscules et moribonds.

Au pied des banians cernés de singes, les marabouts, vieillards impassibles et squelettiques, tournent le long du jour avec l'ombre mouvante.

L'odeur du thé et des viandes fortes monte jusqu'à nous. Enroulées de voiles funèbres, des femmes cuisent le pain dans les fours de terre cuite.

Blanc des murs, noir des vêtements, l'islam fuit les couleurs qui resurgissent dès la fin de ce quartier avec les rouges forcenés du temple le plus proche dont les fresques brûlent dans la chaleur d'Orient.

Elle s'est accoudée sur le rempart. D'ici, nous surplombons la ville qui gît, dévoilée, coulant la marmelade de ses toits jusqu'au fleuve.

« Etant enfant, j'ai eu des amies musulmanes. Ma mère s'efforçait de me démontrer qu'elles ne pouvaient pas vraiment m'aimer puisque nous n'avions pas le même dieu; elle tentait de me persuader que ces gamines aux jambes nues qui couraient avec moi dans les rues ne cessaient pas de nous envahir : elles étaient des étrangères installées depuis des millénaires. »

Elle hoche la tête, rêveuse.

« Et c'est vrai que parfois j'ai le sentiment qu'Allah n'est pas chez lui sur cette terre trop bariolée, il lui faut plus de rigueur et moins de spectacle, il n'est pas le dieu des fleurs et des chamarrures, il aime la nudité des murs et la sobriété des murailles; nous sommes, nous, une civilisation de l'ornement, il a créé un monde de surfaces planes.

— Vous vivez ensemble aujourd'hui, sans trop de problèmes apparents...

— Les massacres ont cessé, nous payons cher une paix qui repose sur un lit de sang... Et nous sommes en train de nous apercevoir que nos rites se sont interpénétrés, que nous nous sommes islamisés autant qu'ils se sont indianisés, et un sentiment nous rapproche aujourd'hui, celui d'avoir été trop longtemps cruels et stupides. Derrière notre dos, derrière les tempêtes humaines des grands massacres qui ont vu la sécession du Pakistan, Allah et Brahma s'étaient depuis longtemps réconciliés. »

Je dois partir demain. Je n'ai guère dormi. Je ne sais plus... Je ferme les yeux dans la chaleur dorée qui s'exhale des murs et je ne me sens plus de force... Je n'avais jusqu'à présent eu que des tiraillements, jamais de déchirures. Je suis fait pour les décisions minimes : le métro ou l'autobus, la cravate à rayures ou celle à pois, la Vendée ou la Bretagne, le film de la première chaîne ou le feuilleton de la deuxième... Mon Dieu, que j'ai horreur de ma vie...

Se peut-il que je vous aime si peu que je n'éprouve aucune envie de vous revoir... Même toi, Louis, que je trompe en ce moment, je ne me sens même pas coupable envers toi... Pourquoi m'as-tu aussi considéré comme un messager ? Quelqu'un que l'on envoie, qui transmet et qui ne compte pas...

« Nous nous sommes mariés le jour de mes dix-sept ans... C'était l'élève préféré de mon père, il avait vingt ans, jour pour jour, de différence avec moi... Il m'a vue grandir, j'ai joué avec lui alors que je marchais à peine. Cela compte peu de savoir que je ne l'ai pas aimé. C'était un homme bon et agréable, je ne pense pas qu'il ait été très heureux avec moi et je le regrette aujourd'hui. Une histoire mille fois répétée sous nos latitudes. »

Envol des perroquets, croix vertes de l'été sur le ciel mauve, au-dessus des toits roux...

« Pourquoi ne me l'as-tu pas dit ?

— Il m'arrive de l'oublier et, avec toi plus qu'avec d'autres, je n'avais pas envie de m'en souvenir. »

Attrape ça, Jean-François. Laisse-la parler, ne l'interromps plus.

Les doigts de la jeune femme cassent sans cesse la soie du sari, les yeux sont immenses, vernis.

« Il y eut une période difficile, l'un de ces moments dont les journaux de ton Europe ne parlent jamais, où l'on apprend qu'il y a des mouvements chez les intellectuels. Singh était ce qu'il est convenu d'appeler un esprit libéral, très attaché à sa culture, et disons qu'il faisait partie de cette race de gens qui n'acceptent pas que le peuple dont ils sont nés meure chaque matin sur le pas des portes de leur ville. »

Ne pleure pas, je ne veux pas que ta voix tremble... L'épaule ne se dérobe pas.

« Nous n'en parlerons plus...; que si tu le veux.

— Ils l'ont arrêté trois fois... Je n'ai pas supporté la vue des cachots à Ram Nagar; je savais qu'il ne tiendrait pas, enfermé; il n'était pas fait pour cette vie qu'il s'était choisie... Il était malade... Ils l'ont gardé plus de deux ans à Guntakal. Il y est mort. Mon père l'adorait. Nous n'en parlons jamais. »

Quelqu'un m'a vu avec elle dans les rues de Bénarès..., un adorateur silencieux, peut-être un admirateur du leader politique que fut son mari, il a voulu prévenir à sa manière, m'intimider par deux photos... La sombre histoire... Un protecteur de la mémoire de l'époux défunt.

« Jean-François... je n'épouserai pas Louis. »

Je la regarde. Tout est dit. Je le savais d'ailleurs, je l'ai toujours su. Cela signifie simplement pour moi que je ne la verrai plus. Il y aura à chaque seconde de ma vie cette blessure et cette douceur tremblée au fond de moi : une femme que j'ai aimée et qui vivra dans le feu des étés, là-bas, à Bénarès.

« Je le savais, dis-je, dès le premier jour... »

Nous folâtrions hier comme des amoureux dans les salles obscures, et c'est aujourd'hui le grand soleil des aveux et des décisions.

« Ne sois pas triste pour lui, murmura-t-elle, il s'en remettra très bien. Il ne s'est rien passé d'important entre nous... Ça n'a pas été une aventure très passionnante. »

Elle va me raconter et j'ai, une seconde, envie de l'arrêter; je ne voudrais pas savoir, cela fait partie de la vie de Louis, je n'ai jamais ouvert ses lettres, cela ne me regarde pas.

« Depuis la mort de Singh, aucun homme ne m'avait regardée... Lui, si...; il ressemblait à tous ces garçons qui débarquent d'Europe chez nous, gênés de ne pas être totalement indiens malgré tout le mal qu'ils se donnent pour camoufler l'Occident sous des barbes, des colliers et des bandeaux... Cela m'énerve en général, mais son intérêt pour la ville, pour notre vie, n'était pas feint; nous nous sommes revus souvent, nous parlions. Il était un étudiant pour moi et j'ai dû être flattée de ce que je percevais dans ses yeux. Peut-être ai-je eu envie un moment de venir en France, de laisser ce pays trop lourd pour moi... Il pouvait être un moyen, une excuse à un départ. »

Elle sourit d'un quart de la bouche.

« Nous avons même failli faire l'amour... J'ai eu peur de l'importance que cela aurait pris pour lui, j'étais seule depuis longtemps et, lorsqu'il m'a demandé de l'épouser, je n'ai pas refusé avec suffisamment de netteté, j'ai fait ressortir les obstacles, les formalités, nos coutumes, le fait qu'il faudrait que son père vienne, entre autres... Il n'a pas répondu, il est parti quelques jours après et sa lettre m'a avertie que tu venais... J'ai été affolée, je n'aurais jamais cru qu'il puisse prendre cette aventure si au sérieux... Je ne l'aime pas, il y a eu en moi cette faiblesse, ce refus de ne pas totalement le décourager... Je l'ai senti fragile et je fus trop attendrie pour être forte, tout ce qu'il fallait pour créer un malentendu...

— C'est moi le malentendu. »

Je voudrais lui dire que je n'ai pas de remords, même pas de scrupules, que je suis trop heureux pour ne pas être égoïste et qu'il y a longtemps que je n'aime plus Louis... Vieille histoire, il faut remonter loin, un long récit un peu bébête, mais quoi, on éprouve ce que l'on peut...

« C'était durant un mois d'août, une de ces années si semblables que je les confonds, bleues d'ennui et jaunes de plage... Louis regardait son frère qui enchaînait les tractions, les abdominaux, les sauts carpés, toute sa gymnastique exaspérante. »

Nous avons quitté le quartier d'Adampura. Un buste de pierre peint en vermillon et couvert de fientes de corbeaux s'enfonce dans le sable. Il y a une sorte de munificence dans ce peuple qui laisse s'enliser ses richesses... Les ânes brûlent de leur urine des fresques d'or deux fois millénaires... Qu'importe, rien n'a d'importance ici que l'immortalité.

« Pour l'amuser, je lui proposais des courses, je m'efforçais au dynamisme, je faisais le boute-en-train, le dégourdi, je sautillais avec des ballons pour qu'il se remue un peu; à trente ans, je faisais des galipettes, des sauts de grenouille qui ne le faisaient pas rire... Et puis un jour, il devait avoir dans les quatorze ans, l'âge où la voix se casse et où ils commencent tous à avoir des têtes de Tartares avec leurs quatre poils aux coins des lèvres, on a fait la course. »

Elle m'écoute et c'est un silence attentif qui me donne envie de poursuivre; il y a si longtemps que près de moi on ne s'est pas tu ainsi...

« Lui de mauvais gré, pas souriant, enfin on s'est élancé... J'ai senti tout de suite que quelque chose dans ma mécanique devenait épais, comme si une huile lourde s'était glissée dans mes genoux... Ce n'était pas de l'huile, c'étaient les années, les berges entassées qui m'encrassaient la rivière... J'ai actionné comme un fou, mais ça ne répondait plus...; c'est presque drôle, cette

180

désobéissance des jambes, on dirait des élèves réticents, et moi le maître qui m'escrimais... : voulez-vous bien aller plus vite ! J'avais envie de les gronder...

— Continue, dit Sanandra, nous ferons un quatre cents mètres après.

— Il m'a pris un mètre, puis deux, je n'y ai pas cru, cela faisait treize ans que je me laissais battre, mais cette fois c'était pour de vrai... »

Je continue à parler et je ressens cette rage qui m'était montée ce jour-là, le premier jour où j'ai haï mon fils... Le pépé bondissant, impression de surplace, comme dans les rêves, arrache-toi, Friquet, sprinte, les années freinent, échappe-leur, sauve-toi vite, elles te collent au sable par les talons, cours, gagne encore...

L'arrivée, exorbité, et lui devant à dix mètres qui m'attendait... Il avait quatorze ans. Et il a compris d'un coup que, cette fois, il avait gagné. Les gosses sentent quand on les ménage, mais là il a compris que, dorénavant, il était le plus rapide. J'ai vu son œil sur moi et je l'ai détesté... Je n'en avais jamais parlé jusqu'à ce matin, cette ville agit comme un révélateur, tu es mon gourou, Sanandra.

« Peut-être ne l'ai-je plus aimé à partir de ce moment-là; c'est idiot et affreux, mais je crois que ce fut ainsi... »

Nos pieds sont blancs de poussière. Des chiens tournent, affolés de famine, entre les colonnes du temple de Shiva; ils jappent devant le dieu peinturluré.

« Jamais je n'avais vu en lui une joie semblable... Il fut un enfant sans vigueur, sans élan, je ne lui connus jamais d'enthousiasme, il ne rit ni ne pleura aux toboggans des squares ou aux guignols du Luxembourg... »

A la volée, un enfant frappe avec une planche

sur l'arrière-train des buffles qui descendent les marches; il frappe sur les os, là où cela forme une tente de cuir au-dessus de la queue, les coups résonnent jusqu'au ciel.

« Ce qui avait éveillé en lui sa première exaltation, c'était ma défaite. Il triomphait parce que j'étais devenu vieux, il irradiait sans pitié. J'étais vaincu et ce fut sa première joie. »

Ce sont des bêtes de goudron et de vase dont elles ont la couleur... A Kedar Ghat, les troupeaux s'engluent... Le gros, là-bas, semble un caillou; les naseaux au ras de la surface, il broie les fleurs stagnantes.

« Ne dramatise pas, dit-elle, il s'est affirmé ce jour-là, et l'on s'affirme toujours contre quelqu'un; il devait être important pour lui que ce fût contre toi...

— Je le sais, ma réaction est inexcusable, mais il y eut dans ses yeux une telle quantité de bonheur que, plus de dix ans après, quelque chose en moi n'a pas encore pardonné. »

Le soleil fond, beurre sphérique dans une soupe d'or...

Voici le coin de la drogue; des êtres au torse livide marinent dans les ombres chaudes, ce sont les hippies, les ensablés... L'odeur d'eau morte monte entre les planches disjointes.

« Alors, on se fait une promenade? »

Un diable dans sa boîte, revoici Jordi. Il tire sur son chillom comme un vieux loup de mer. Le haschisch grésille doucement.

« Je me défonce un peu, s'excuse-t-il, histoire de dire que ça me sera arrivé... Venez, je vais vous présenter un copain. »

Nous descendons les passerelles branlantes. L'eau suinte entre les planches. C'est un vieux rafiot à la cale profonde. On n'y voit rien après l'avalanche de soleil. Une fille au crâne poli passe,

nue comme la main, je trébuche sur des couvertures. Il y a des livres, des sacs; des êtres vivent là,
zébrés par les rayons jaunes qui scient la coque
éclatant entre les lames disjointes.

« Voici André dit Totor, il habitait La Garenne. »

André dit Totor a dû être gros. Son ventre
ondule, il a une bonne tête de garçon boucher,
pas vingt ans et une barbe clairsemée.

Il est effondré contre des toiles de sac; nous
nous asseyons tous sur des tas de cordages, le
plafond est bas, c'est une étuve. Je m'habitue peu
à peu à la pénombre... Je me demande si ce garçon pèse cinquante kilos. Il regarde Sanandra, me
sourit.

« C'est bien de voir des Français, dit-il, ici c'est
de l'Américain ou du Nordique... »

Je me retourne; derrière, une sorte de Viking
nu fait du yoga, position lotus; les yeux ne cillent
pas.

« C'est un Norvégien, explique André; une fois,
il est resté trois jours comme ça.

— Il est là pour quoi?

— L'opium. Quand il est en crise, il n'y a que
ça qui le calme.

— Et toi, tu es content d'être là? »

Il regarde autour de lui les corps entassés et
ruisselants; cela ressemble à un radeau, un
radeau perdu au cœur d'un continent.

« J'ai pas le choix, dit-il; ici, on est peinard. »

Ses bras s'écartent. A l'intérieur du coude, la
chair est noire et boursouflée... Plus de place
pour enfoncer une aiguille. L'épiderme se soulève
en plaques.

« Tu fonctionnes à quoi? »

André grimace.

« Des cocktails, dit-il. Ici, il y a des caïds pour

les mélanges, on n'a pas idée de ça là-bas dans les Hauts-de-Seine. »

Il rit les yeux voilés, l'impression que la cervelle est vidée, que si je plonge dans ses yeux dilatés je verrai le crâne nu jusqu'à l'os.

« Je suis peinard, ici, peinard... »

Le pont craque au-dessus de nous; lorsque nous remonterons, un Anglais se sera installé, les jambes en tailleur; les yeux ouverts fixeront le soleil jusqu'à brûler dans les orbites.

Sous des bâches, des corps gisent, prostrés.

« Tu n'as pas envie de rentrer ?

— C'est trop gris, je me faisais chier, je bossais sur les quais, huit heures à l'ébarbage et sur des cuves d'acide.

— Alors, tu vas rester là ?

— Je m'en fous. »

Je le regarde. Celui-là a fait le saut, il est parti. Je l'ai peut-être croisé à un arrêt de bus ou sur un quai de banlieue, un soir où des foules attendent, embouteillages au carrefour, le 161 qui n'arrive pas, Simone massacrante parce que la marchande de journaux n'a pas reçu *Intimité,* Monique branchée sur Luxembourg, les hit-parades... Mon Dieu, est-ce qu'il a tort, André dit Totor...

Je me lève, me heurte la tête au plafond.

« Salut, dis-je, bonne chance. »

André regarde Sanandra. L'eau clapote contre les planches. Elle se lève pour me suivre, la main du gars part, emprisonne la cheville. Jordi suffoque une bouffée de hasch.

« Dis à ton copain de partir, on va être bien tous les deux. »

Elle n'a pas tressailli, elle regarde à ses pieds le petit Français aux chairs flasques. Je me penche, desserre les doigts et tends un billet de dix roupies qu'il prend sans regarder... Nous sortons, des yeux nous suivent dans l'ombre, je sens que quelque chose va se passer.

Un corps bouche l'entrée.

Je ne distingue rien en contre-jour qu'une forêt de cheveux et des colliers. Sensation de danger.

Une main moite fouille ma chemise, il y a un autre type derrière, Sanandra étouffe un cri, je balance mon bras affolé à toute volée, le soleil se rue sur les marches, je sens le sang couler sur mes phalanges, elle court près de moi, je me retourne, touche deux fois une paroi molle qui cède... Je monte des marches à l'envers, voici le pont. La peur surgit enfin, se rue sur les sphincters, je ne vais pas m'effondrer comme un gosse, mon poignet est enflé... Jordi hurlant balance trois coups de pied et sort en lambeaux, un œil fermé; je fonce vers lui, mais il s'échappe seul, saute sur la berge, s'étale merveilleusement et nous partons à toute allure...

« Vers le Chowk, halète Sanandra, vite. »

Il y en a deux qui nous poursuivent, j'ai peur que d'autres jaillissent des ruelles adjacentes.

« Gaffe aux couteaux », souffle Jordi.

Tout en courant en dératé, je me retourne. Le soleil frise la lame droite. Un voile émeraude pivote au coin d'une rue; le cœur dans la gorge, nous jaillissons dans la sente étranglée où explosent les cuivres et les bronzes, les échoppes défilent comme dans le train.

« A droite.

— A gauche. »

Merde, une vache sacrée... Je la contourne, l'escalade presque. Finir à cheval sur une vache sacrée, un poignard dans le dos, le rêve pour un agent d'assurances.

A droite encore, des cris derrière nous; Jordi accroche un échafaudage de seaux étamés qui dévalent les escaliers dans un fracas de fin du monde.

Sprint final. Je lève les yeux.

Il attend, blanc sur la muraille grise. Trente mètres pas plus, là, droit devant moi... Le pli du pantalon comme un rasoir. La face est sans relief dans la lumière, un éclair, comme un flash de photo... Mon élan m'emporte...

Il nous a vus, lorsque nous entrions dans le bateau, il m'a semblé que l'on nous épiait à travers les lattes. Il était là, sur ce mur en ruine, la silhouette falote et implacable, comme surexposée... Je sais à présent qu'il ne nous lâchera plus.

Ombres des tentures et des roseaux.

« Ici », lance Sanandra.

Nous fonçons dans un couloir en un envol de gosses effarouchés, émergeons dans une cour intérieure, fraîche et dallée. Un Indien en dhoti nous fixe, effaré.

Sanandra s'adresse à lui en hindi... Il acquiesce, nous montons une échelle, levons nos chaussures et je m'écroule, le cœur à cent vingt, sur les coussins d'une pièce peinte à la chaux et couverte de tapis.

Soufflet de forge de la poitrine de Jordi.

« Je ne comprends pas, ahane-t-il, c'était un copain... »

Il explique qu'il le connaissait de la veille et qu'il avait toute confiance en lui. Sanandra soulève ma main droite. Une luxation, sans doute; j'ai dû taper trop fort et mes phalanges saignent toujours.

« Ce que j'ai eu peur! gémit Jordi. Ils se sont tous réveillés d'un coup, et, crois-moi, ceux-là, ils fonctionnent à la neige. J'ai pas cru qu'on s'en sortirait.

186

— On va apporter du thé, dit Sanandra; je connais ces gens, il n'y a plus rien à craindre. »

Je montre Jordi du doigt.

« Regarde bien ce type et évite-le désormais; s'il prend un avion, le réacteur est en panne; s'il rentre dans une cuisine, il faut la repeindre; s'il te présente un copain, tu as tous les gangsters de Bénarès sur le dos. »

Jordi lisse sa barbe, sarcastique.

« Je trouve que depuis quelque temps je tends à m'améliorer, mon record reste d'être né le jour de l'entrée des troupes allemandes à Paris. »

Elle rit. L'arcade sourcilière de Jordi vire au mauve fond d'artichaut.

« Heureusement que tu en as descendu deux, dit-il, sinon on y serait encore. »

Je ne pourrai jamais en vouloir à ce garçon après ce qu'il vient de dire, « descendu deux », moi, Jean-François Varnier, cadre moyen, la quarantaine tassée, le physique flou, le muscle vague, la silhouette anodine, la carrure incertaine, bref, le contraire de mon haltérophile de fils, voici que j'ai assommé deux colosses. Je gonfle mes biceps. En cet instant, je suis le double de Sylvestre. Sanandra siffle d'admiration.

« Je ne sais pas si ton fils court plus vite que toi, mais tu ne te défends pas mal encore.

— Ce n'est rien, dis-je, tu as vu ce crochet du gauche ? J'ai feinté du droit, un changement rapide de pied et paf...

— James Bond, dit-elle, c'était à s'y tromper. »

L'œil de Jordi devient bleu de nuit, il le palpe avec circonspection.

« C'est idiot, dit-il, ce soir je suis invité à un mariage... Ça va faire drôle d'y arriver avec un coquard. »

Il réfléchit un quart de seconde et ajoute :

« Tiens, au fait, pourquoi n'y viendriez-vous pas ?

— Non ! »

Les murs tremblent.

Il me fixe, choqué.

« Pourquoi hurles-tu de toutes tes forces ?

— Parce que la mariée va se pendre, dis-je, ou un raz de marée va submerger la noce. »

Il prend un air offusqué et se tourne vers Sanandra qui masse ses pieds nus.

« Cet homme est une brute, dit-il, il n'y a que la boxe qui l'intéresse. Je peux vous affirmer qu'il n'y aura pas de catastrophe. »

Voici le thé. Le vieil Indien dépose le plateau et déroule le paquet qu'il tient sous le bras; ce sont des brocarts, soie et fils d'or entremêlés...

Ma douleur dans la main s'apaise. Le breuvage où chantent des parfums me brûle la gorge... Je pars demain.

Ne pas penser à cela; aujourd'hui, je suis le vainqueur d'une armée d'assassins, Friquet triomphant dans les splendeurs étalées... Demain ne viendra jamais...

Le sol peu à peu se couvre du chatoiement des arabesques, les plus beaux brocarts de la ville. Des dieux de soie s'alanguissent dans des jardins de courtisanes, des rythmes de lignes et de couleurs chantent sur le sol, toute la beauté d'un art millénaire.

J'en choisis un, le plus simple, le plus sobre, une longue flamme plate et violente où dorment tous les roses de toutes les roses... Je tends mes roupies.

Sanandra murmure quelque chose et, magiquement, le prix baisse de moitié. J'oubliais ses dons de femme d'affaires.

La fumée des écharpes voile l'énergie des lourdes draperies; notre hôte nous déballe le magasin, mais ce n'est plus pour vendre, c'est pour montrer, pour le plaisir... »

« Faut que je me tire, dit Jordi..., j'ai d'autres photos à faire. Alors, sérieusement, vous ne venez pas ? »

Elle me regarde.

« Cela peut t'intéresser... »

Toute l'amertume, toute la misère du monde dans le cœur en ces lieux de lumière. J'en ai l'âme si lourde que je resterais là, avachi, incapable de soulever tant de peine.

« Je dois faire ma valise, régler l'hôtel... »

Je l'ai dit, mais ça ne va pas mieux. Des escaliers tournent, voici une autre sortie.

Crêpes mirobolants de la ville funèbre... Le bazar s'enterre sous les roseaux et les tentures, de longs égouts dont l'épicentre est une vache crevée. Je sais à présent que les charognes ont des odeurs de sucre... Je pense à Baudelaire et à son attirance pour l'immonde, mais cette passion pour les décompositions verdissantes des chairs mortes n'est après tout que la gourmandise olfactive des fins connaisseurs; la mort a ses parfums, la vie en s'enfuyant exhale ses essences de fruits et de vieilles fleurs... Le poète n'avait, après tout, qu'un nez sans préjugés.

Nous voici à nouveau dans le labyrinthe du Chowk, on martèle le cuivre près de nous dans un grouillement ininterrompu.

Sanandra prend ma main.

« Nous avons eu de la chance, on dit que des étrangers n'ont jamais été retrouvés... Il n'y a pas que des hindous dans le Gange.

— Et c'est vrai ?

— La drogue est partout, le vol également... Aucun pays ne parle autant d'argent que l'Inde, un Américain ne prononce pas une fois « dollar »

qu'un Indien du Chowk a déjà dit cent fois
« roupie ». Je voudrais te poser une question. »

Voici Ram Ghat, l'ouverture sur les eaux, l'esplanade cernée de lépreux et de bonzes.

« Je t'écoute. »

Le sari noir ondule, s'arrête.

« Penses-tu faire un tel voyage très souvent ? »

Surpris, je regarde les eaux bleues; sur la gauche, le vieil or des fleurs meurt sous l'avalanche
des pétales citronnés.

« Certainement pas.

— Très bien, dit-elle, alors profites-en. »

Je sens mes sourcils se relever comme deux
petites bêtes indépendantes.

« Cela veut dire quoi, profites-en ? »

Elle croise les bras, sévère.

« Ne sois pas idiot, Jean-François Varnier, cela
veut dire qu'on ne fait pas quinze mille kilomètres pour voir une seule ville. Prolonge le
voyage. »

Jambes coupées.

« Mais...

— Il n'y a pas de mais; si tu ne restes même
que trois jours de plus, personne n'en mourra, tu
m'as expliqué qu'ils étaient tous en vacances bien
tranquilles.

— Mais...

— Mais quoi ? »

Je n'en sais rien, moi, ce que signifie ce
« mais »... Tout va trop vite encore, on ne peut
pas me demander de me battre avec trois mille
drogués, de tomber amoureux d'une déesse hindoue, d'être cerné de lépreux, de mourants et de
savoir en plus ce que je veux dire quand je
déclare « mais »...

« Mais mon avion..., les billets...

— Nous sommes techniquement retardés, mais
le téléphone est parvenu jusqu'à nos lointaines

régions; tu décommandes l'avion de demain et confirmes pour le jour que tu veux. »

Décommander un avion, moi ?... Impossible !

Trois jours de plus. Avec elle, toute une vie soudain, trois jours comme une gigantesque plage à remplir... On ne vit cela qu'une fois, et encore, c'est bien rare.

« Tu crois vraiment que... »

Elle hoche la tête.

« Tu as vraiment de la peine à finir tes phrases en ce moment. »

J'écarte les bras en geste d'impuissance; dans le mouvement, le brocart tombe; je le ramasse.

« Au fait..., c'était pour toi. »

Sanandra prend la lourde étoffe. Qui d'autre qu'elle pourrait poser ainsi sa joue sur le carmin de la soie.

Je pense ne plus repartir du tout et je suis incapable de décider de prolonger de trois jours... Trois jours, bon sang, ce n'est pas le bout du monde, il pourrait y avoir..., je ne sais pas, moi, des inondations, une grève du personnel à Air India... Oh! et puis zut, je n'ai pas besoin d'excuse. C'est vrai que je peux annuler, je pourrais être malade, le typhus, la scarlatine, une grippe. Je sens passer le vent de la folie... Oh! pardon, Louis, de ne pas faire d'effort. Je voudrais pouvoir te la rendre, mais elle n'est pas à toi — à moi non plus, sans doute.

Non, je dois rentrer.

« Alors ?

— D'accord, trois jours. »

Elle soulève ma main blessée, enfin disons endolorie, et pour la première fois ce sont ses lèvres sur ma peau... Un geste comme on n'ose pas en rêver; cela ne veut rien dire, peut-être, ce n'est sans doute pas de l'amour; un rituel, une chose qui se fait, qui n'engage à rien. Tellement bizarres, les coutumes de ce pays! Elle sourit.

« Quittons Bénarès, tu connais cette ville à présent... Partons pour Agra, c'est un enchantement; nous rejoindrons Delhi pour ton départ, ce sera plus simple...

— Tout ce que tu voudras. »

C'est le moment, fonce, Friquet, rentre dans le film, joue le rôle, une fois au moins cesse d'être minable.

La bouche est lisse comme un accord de sitar. Sur ma nuque, ses mains se sont nouées.

J'ai entrevu cela une pleine et parfaite seconde, et jamais plus je ne serai le même. Il arrive que certains puissent avoir un être pour but et pour raison. Je sais, dans le tourbillon de ce baiser, dans la folle farandole de ce midi indien, que, de toute éternité, il m'a été donné de vivre pour aimer une femme... Et qu'elle était toi.

Le cheval piaffe sous le caparaçon d'argent repoussé. Il est splendide, le cavalier au turban d'or où brillent de fausses pierres; veste damassée, poignard dans la ceinture, des bagues l'empêchent de joindre les doigts, même les rênes sont ornées. Il traverse la ville en tête du cortège pour rejoindre la maison de la fiancée qui le suivra en palanquin au son des cymbales... Les enfants courent, les vagues de la foule affluent sur le passage du cortège.

Où est-il?

Pas ici; quelle que soit sa science de la filature, dans ce magma de corps, il est impossible de nous retrouver... Un maniaque sans doute... S'il nous suivait vraiment, s'il s'agissait d'un professionnel, il ne s'habillerait pas avec ce costume immaculé qui le fait repérer à cent mètres, il ne se collerait pas cet invraisemblable parfum reconnaissable entre mille... Et puis cette délicatesse de dandy efféminé... Ce ne peut être un policier..., ou alors d'un style spécial...

Je ne l'ai jamais vu marcher. Il apparaît toujours immobile, comme s'il savait..., comme s'il pouvait prévoir que nous allons passer. Je ne l'ai jamais vu disparaître. Cette peau si tendue, effaçant les muscles, peut être le résultat d'une opération chirurgicale, une sorte de chirurgie esthétique; les expressions ne doivent pas pouvoir s'imprimer... Un androïde; sous la peau factice tournent des rouages implacables, des ordinateurs miniatures, la toile du costume masque les tiges d'acier chromé...

« Ne crois pas qu'ils soient riches, tout est loué, de l'ombrelle à manche d'argent jusqu'aux étriers. Un mariage dans une classe moyenne endette une famille trois à quatre ans, certains travaillent le reste de leur vie pour payer le luxe d'un jour. »

Sous l'immense tente dressée, haute comme un chapiteau de cirque, les invités sont là agglutinés; Sanandra se glisse entre les corps, nous voici près du foyer, au centre un feu brûle, cerné de pierres et de fleurs; les prêtres psalmodient tout autour. Jordi mitraille à tour de bras. Derrière les pylônes, éclairée par les flammes, voici la mariée : un amas d'étoffes précieuses empilées les unes sur les autres, or, argent, vermeil, manteau de pierreries... On distingue à peine le visage étroit, un lourd bijou joint le lobe de l'oreille à la narine, une chaîne d'or où pendent des topazes et des pierres tigrées; les pieds dépassent sous la robe, chaque orteil cerclé de bagues comme si tout cela avait pour but d'offrir à la vue le minimum de peau.

Prostrée, la jeune femme semble perdue dans

un rêve tandis que les répons des prêtres deviennent une litanie ininterrompue.

Sanandra chuchote des explications... Voici l'offrande du riz dans les flammes crépitantes. Le marié a un visage très jeune, que peut-il être? Comptable? Etudiant encore? Il n'est pas fait pour son costume qui l'écrase; ces ors, ces étoffes, ces armes, tout cela semble créé pour une autre race d'hommes; il s'empêtre dans ses manches trop longues, son turban part de guingois. Quant à elle, elle croule sous son armure... On boit du thé autour de nous; un bruit peu à peu couvre les voix... La pluie est venue, précise, régulière; il est six heures et, dehors, voici les grandes cataractes de la mousson.

Sanandra fixe la mariée.

Que pourrais-je te dire en cette minute? Pas un mot, que la pluie, les chants religieux et ces deux insectes chamarrés, empruntés sous leurs carapaces trop lourdes, qui s'approchent, s'éloignent, se frôlent dans une danse claudicante et maladroite, et qui me semblent devenir soudain le symbole éclatant de tous les tâtonnements, toutes les balourdises préexistant à la fusion de deux êtres... Oui, c'est peut-être là le message..., un message comme un adieu que me laisserait cette ville.

Demain, nous quitterons Bénarès.

Je dors mal.

Elle a menti six jours pleins. « Sanandra, l'énigme de Bénarès », encore un titre pour film à falbalas... Sanandra, les mystères de l'Orient. Voiles et hanches ondoyantes, danses rythmées de tambourins. Mariage mi-jeunesse mi-raison... Pourquoi ne pas l'avoir dit? Et je pars avec la femme de l'homme aux yeux moqueurs... Le front d'idéaliste, les idées vastes, le cœur grand, les poignets minces, le genre de type qui finit toujours d'une façon ou d'une autre par mourir d'un trop-plein de conscience, dans le cachot où on l'a fourré... J'aurais dû le comprendre au premier regard : un juste, un de ceux qui ne pactisent pas et que les sociétés flanquent en prison, en exil ou devant des fusils, selon la plus ou moins grande teneur en démocratie des régimes... Pas de jalousie, Friquet, mais il est bon d'admirer l'homme des idées hautes, toi qui ne lis que les faits divers. Que venait foutre Louis au milieu ? Il n'a rien dû voir ni savoir de tout cela, le dadais dans le plein drame, un caprice... Elle lui a plu, elle ne l'a pas découragé par gentillesse et... je ne penserais pas à l'autre, celui qui nous suit, l'homme lisse et immobile.

Je dois dormir...

S'il n'y avait pas cette douceur qui me vient d'elle, ce serait l'engrenage. Mais, avec ce piège que je sens si proche, il y a une chanson qui monte, une chanson comme jamais je n'en ai entendu.

XI

Le voici.

La masse de marbre frétée sur le ciel mauve, le navire dressé, le poing de l'Inde ouvert sur les jardins du pays des Ouzbeks.

Personne. Que nous.

Je l'avais tant vu sur les cartes postales, les foulards, les tapis, sur tout ce bric-à-brac de touristes que je ne peux comprendre cette émotion qu'il fait surgir en moi.

Les quatre minarets jaillis du socle étincelant montent la garde, protégeant le tombeau.

« Son histoire est la plus simple du monde, murmure Sanandra, c'est un conte persan comme ceux de Schéhérazade, plus beau peut-être, car celui-ci est vrai... »

La voix de Sanandra par-dessus les fontaines...

Nous avançons dans l'axe des carreaux; le colosse de diamant éclate entre les mosquées rouges qui l'encadrent...

Elle va commencer l'histoire, Schéhérazade; je vais l'écouter comme autrefois le peuple de ce pays écoutait les légendes des conteurs.

Le sari a la douceur fragile des feuilles de tilleul, ce vert tendrement maladif que l'on peut voir aux arbres durant les fins d'été, lorsque le grand flux brûlant de la vie commence à se tarir mais que ne sont pas venus encore les pourpres de l'automne. La soie court comme une eau calme, fraîcheur amère des étangs pâles sous la brume du matin... Nous voici à Agra dans les premières heures du jour... Nous ne nous quitterons plus durant les heures qui vont suivre, des nuits viendront et une peur surgit, adolescente et ridicule... Ces heures sont un échafaudage périlleux et splendide.

La voix de Sanandra chantonne, elle connaît le ton qui cajole et retient, la mélopée...

Accord d'albâtre sur le vert des allées et ce ciel débutant reflété dans les vasques, jardins du Taj Mahal où passaient les califes...

« Il était une fois un prince de vingt ans qui épousa une fille de dix-huit ans. Ils devaient s'aimer toute la vie; tous les livres disent que plus jamais il ne devait regarder une autre femme. Il était si puissant, si riche qu'il se fit appeler le Roi du Monde. Nous le connaissons mieux aujourd'hui sous le nom de Grand Moghol. Connais-tu une histoire qui commence plus simplement ? »

Nous avançons. Les bulbes aux flèches d'or surmontent les arcs gigantesques, les arabesques des façades serties de jaspe et d'agate s'illuminent dans la violence des rayons. Un joyau immémorial, un serment d'amour et de marbre...

Continue, Sanandra, continue le poème; je veux l'emporter, je ne l'oublierai jamais...

« La suite est plus simple encore. Elle, la merveilleuse princesse, mourut à trente-sept ans en lui donnant son dernier fils. On raconte que les cheveux du roi blanchirent en une seule nuit et les chroniques de l'époque sont unanimes à reconnaître que durant les longues années qu'il devait vivre encore, solitaire dans son palais, personne ne le vit jamais plus sourire. »

Un oiseau là-bas s'envole, croix noire et planante sur la façade éclatante taillée dans la lumière et le cristal.

Nous voici au pied des escaliers; il est au-dessus de nous, écrasant et aérien à la fois, incrusté dans le sol de tout le poids invisible de ses milliers de tonnes et prêt d'une seconde à l'autre à appareiller pour les bleus pays où les princesses ne meurent pas.

Nous montons les marches.

« Alors, comme jamais il ne l'oublia, et pour prouver aux hommes qui viendraient que l'amour pouvait être éternel, il fit construire ce mausolée. Et l'histoire se termine aussi simplement qu'elle a commencé : un homme éleva à la femme qu'il avait aimée la merveille du monde. Le Taj Mahal, c'est Love Story dans les Indes des siècles passés. »

Nous voici sur l'esplanade aux couleurs de vieil os. Sur les dalles déjà chaudes du soleil, le lait figé du marbre escalade les nuées.

« Vingt mille ouvriers travaillèrent trente ans, on fit venir des ingénieurs des quatre coins de la terre, deux générations d'hommes sculptèrent les blocs, incrustèrent les diamants... Viens, il faut se déchausser pour entrer. »

Pourquoi ai-je le trac? Je ne suis qu'un visiteur, un regard, ai-je le droit de pénétrer dans un sanctuaire? Peut-être n'auraient-ils pas aimé, ces amants fabuleux, que l'on vienne troubler leur repos... Nous passons la haute porte en forme de turban... Nous y voici, ombre noire et froid soudain. Sanandra frissonne et mon bras entoure son épaule nue. Un lustre pend, rougeâtre, dans le vide.

Au centre de la coupole creuse, voici les cénotaphes.

Rien n'est plus lisse et plane que ces pierres parallèles.

Les voici, réunis pour l'éternité au creux du plus beau tombeau que deux humains possédèrent jamais.

Sanandra chuchote et l'écho roule sous la crypte, le long des vestibules circulaires.

Il n'est pas de lieux de silence plus profonds que ceux d'intense fragilité où le moindre bruit éveille un grondement qui traîne sous les voûtes et semble ne devoir cesser. Dans le marbre et les pierreries, dans le silence de cette pierre lunaire et glacée, l'amour repose, splendide et désolé.

Elle s'est assise sur le bloc froid et translucide, son doigt désigne le nord.

« Le projet du Roi du Monde était plus fou encore; le Taj Mahal surplombe une rivière, c'est la Yamouna. Il voulait sur l'autre rive faire construire un autre monument : il aurait été la réplique exacte de celui-ci, exactement semblable mais fait de marbre noir. Un pont les aurait reliés, une arche gigantesque enjambant le fleuve dont une moitié aurait été noire et l'autre blanche. Ce rêve, il n'eut pas le temps de l'accomplir; ceux qui lui succédèrent n'en eurent pas les moyens. Ils reposent ensemble... »

J'effleure la tombe de ma main, douce et glacée, couleur de beurre et de vieil ivoire. Dors, belle princesse, des siècles passent et ont passé, et voici qu'un vieux Parisien vient frôler ton souvenir.

Ni le temps ni l'espace ni nos vies ne devaient nous faire rencontrer, toi, la belle Afghane, l'élue du sérail, belle entre les mortelles, et moi, le souffreteux du dix-huitième, l'engoncé de l'existence... Et voici que je tutoie ton ombre et que ton fantôme m'émeut...

Sanandra est seule dans l'ombre de la crypte et il me semble que c'est elle la dame du Taj, elle sortie de la prison de marbre et des années, telle qu'elle dut apparaître un jour à un des rois de la terre... Par les ouvertures sculptées en meurtrière, le soleil encore rasant projette sur le sol les résilles du marbre; oui, c'est toi, Sanandra, la fille d'Asaf khan, la reine morte...

Jamais nous ne serons si seuls qu'en cet instant et je sais que tu le sens comme moi...

« Le cadre moyen et la sultane, dis-je. On dirait un titre pour film comique. »

Elle sourit, sa tête est sur mon épaule.

« Tu es idiot, c'est toi le Grand Moghol.

— Aucun doute là-dessus.

— Nous sortons? »

Je serre la princesse contre moi, et à nouveau c'est l'éclatement du soleil, l'enfilade grandiose des bassins et des tours flanquées de kiosques à coupole, mais il me semble que le froid de l'immense caveau est encore sur mes épaules. Je me retourne.

« Les soirs de pleine lune, dit Sanandra, la foule peut rester dans les jardins jusqu'à minuit; les gens viennent s'asseoir et regarder la lumière éclater sur la blancheur des deux tombes. C'est une chose que l'on n'oublie pas, la quantité de serments et de baisers qui s'échangent à ces moments-là atteint au mètre carré l'une des densités les plus fortes de la terre.

— Supérieure à celle du pont des Soupirs?

— Nettement supérieure. »

Je la crois... Ce rendez-vous du marbre et de la nuit, la lueur d'argent glissant sur le froid des sculptures, voilà qui doit chambouler les tourtereaux.

Grand veinard, le Grand Moghol, il n'est pas donné à tous les êtres de vivre une histoire d'amour telle qu'à tout jamais elle fera rêver les hommes de toutes les nations.

Le sillon du bassin creuse un long trait d'eau coupant au cordeau l'horizon des pelouses. Derrière l'édifice, la rivière immobile, courbe et précise comme la lame d'un yatagan...

Au loin, derrière les lourdes portes, un brouhaha ténu et qui ne nous parvient qu'à peine : les cars de touristes lâchent leur cargaison. Dans une heure, ces lieux seront envahis jusqu'au soir, et le grand Taj Mahal dans lequel nul être ne devait pénétrer va devenir cette fourmilière dérisoire et piaillante; bénie soit-elle de connaître les ruses et les gardiens sensibles aux pourboires.

Verts du ciel du matin, des branches épaisses, de l'herbe riche, de la soie douce, et la masse de neige derrière nous, inoubliable. Elle s'est assise dans l'ombre des grands cyprès. Il y a un nuage de sueur au-dessus de sa lèvre.

« Lui s'appelait Khurram, il m'intimidait beaucoup lorsque j'étais enfant, j'imaginais ce roi sévère et terrible régnant dans la forteresse d'Agra... Elle, au contraire, il me semblait l'avoir toujours connue... Certaines nuits, lorsque le ciel était clair, je croyais entendre son rire. »

La fumée est chaude dans ma bouche, les cigarettes ont perdu cette âcreté fébrile qu'elles avaient autrefois. J'ai dit « autrefois » ? Un autrefois de huit jours à peine... La fumée monte droite et bleue, un fil gris qui se défait.

« Voilà ce qu'est une intellectuelle indienne, n'en fais jamais le portrait, il n'est rien de plus triste que les portraits, mais ce serait ceci : dans une chambre garnie de livres, elle lit Marx et, lorsque ses yeux glissent le long des lignes du *Capital* pour venir se fixer par la fenêtre sur les étoiles de la nuit, elle quitte la théorie de la plus-value pour rejoindre l'ombre élancée du Grand Roi dans les jardins du clair de lune. Dans quelques secondes, elle reviendra à Marx pour partir à nouveau vers des étreintes de rêve, et jamais elle ne sait à quel moment elle est la plus bête. Nous voulons les roses de diamant des amours ineffables et la sécurité sociale pour l'ensemble des travailleurs.

— Prenez les deux. »

Elle rit, du soleil dans les yeux. Les écureuils d'Agra courent le long des troncs.

« Oui, tu as raison, je prendrai tout, le pouvoir et l'amour. C'est aussi simple que cela. »

Nous sommes ensemble, elle et moi, depuis plus de quinze heures. C'était hier soir, au crépuscule, que tout a commencé...

Aéroport de Bénarès.

Quatre cases, trois passerelles vides et la plaine. Pas d'avion.

Ce n'est pas possible, jamais nous ne décollerons d'ici, le taxi s'est trompé, il nous a déposés là par lassitude.

« On ne partira jamais, cet endroit ne mène nulle part.

— N'oublie pas la magie, nous sommes cernés de fakirs. »

Un chameau bouge là-bas à l'extrémité des terres rases, presque au centre d'un soleil mourant et rose saumon.

Une femme avec cruche de cuivre et sari phosphorescent marche vers l'horizon vide, les pieds nus sur la terre cartonnée. Elle n'arrivera jamais nulle part, cela est impossible. Je m'assieds sur la valise.

« Je me demande si on retrouvera nos cadavres; sans eau, nous ne tiendrons pas longtemps. »

Sanandra ricane.

« Je pense que c'est toi qui périras le premier, étant moins que moi habitué au climat. Je pourrai encore tenir quelques jours en m'abreuvant de ton sang et une patrouille me sauvera au moment le plus critique; j'en épouserai le lieutenant. »

Derrière un comptoir en planche, un costaud en pantoufles et uniforme constellé de sauce au piment tripote nos passeports avec une perplexité féroce.

Des soldats affalés jouent à des jeux étranges, remuant des cailloux alignés sur des lignes tracées de l'ongle dans la poussière. Une affiche bat dans le souffle du crépuscule qui envahit la plaine : *Les fresques érotiques par Air India.* Une déesse danse et se tord sous l'orgasme, les orteils en éventail.

Je m'arrête, admiratif.

« Splendide », dis-je.

Elle jette un coup d'œil.

« Nous sommes toutes comme ça, la sensualité à l'état brut.

— Youpi. »

Un fusil oublié traîne près de la porte à claire-voie des latrines. Un chien dort dans le poste de douane. Huit heures passées.

Les ventilateurs tournent. Pas tous, un sur trois. Il y a en lui quelque chose d'un animal malade, cette vibration furieuse, ces fatigues soudaines comme des désespoirs, ces accélérations comme une furie de survie, puis voici à nouveau la lassitude, trois plaques de métal contre les chaleurs de l'Asie, comment peut-on mener un tel inutile combat...

Des voyageurs. Nous ne serons pas seuls à mourir, deux Américaines à talons et bouteille d'alcool indien sous le bras, un maigrelet à jupe du pays, des anneaux aux oreilles...

Il y a dans un avion trop de machinerie, de technique, de fils et de manettes pour que l'un d'eux puisse surgir de cette plaine. Sanandra semble persuadée qu'il viendra cependant..., et c'est vrai qu'il n'est pas là que pour le décor, ce poussah luisant qui compulse toujours des papiers fripés.

Hôtel. L'aube se lève.

Ce genre de situation est facile pour tous les hommes de la planète sauf moi. Lorsque je dis facile, c'est inexact; j'ai vécu — au lycée, à l'armée, au bureau, en camping — en compagnie de types pour lesquels tout le sens de la vie se résumait en cette perspective à laquelle ils consacraient la totalité de leur intelligence, de leur énergie, de leur volonté : franchir une chambre d'hôtel en compagnie d'une femme, de préférence jolie.

Voici mon tour.

Elle pose la valise, regarde le plafond, les meubles, les deux lits jumeaux, les tentures, sourit, pirouette sur elle-même, se tourne vers moi et lève des sourcils étonnés.

« Tu n'entres pas ? »

J'entre, contemple les moulures, les fauteuils, le cendrier...

« Tu préfères garder ta valise à la main ? »

Je la pose instantanément.

« Il m'arrive d'être distrait », dis-je.

Je jette encore un œil autour de moi.

« C'est vraiment pas mal; et puis ça a l'air calme. »

La fenêtre donnant sur un véritable désert, ma remarque s'apparente, du point de vue de l'à-propos, à celle d'un monsieur qui se trouverait en plein Sahara et qui constaterait qu'il y a pas mal de sable.

Elle s'approche de moi, croise les bras et tord la bouche comme Shaila Babu.

« Une terreur avec les femmes, hein ? »

Je recule, chancelle jusqu'au lit... Je vagis mollement.

« On ne se refait pas, dis-je, et puis elles adorent tellement être bousculées...

— Tu as toujours été comme cela ? »

Oui, non, enfin je ne sais pas, je ne suis même pas sûr de ne pas savoir.

« Vingt ans d'écart entre nous, Sanandra, ça me colle le trac. »

C'est dit, mais ce n'est pas tout; il n'y a pas que cela, il y a Louis, le mari mort, l'amour que je ne fais pas toujours très bien, la chaleur, la fatigue, ta beauté, mes problèmes...

« Tu n'es pas idiot à ce point-là, Jean-François... »

Je hoche la tête.

« Si, dis-je, tu ne peux pas imaginer à quel point. »

Une sinuosité fraîche et simple, un tournoiement; je l'ai enlacée comme un naufragé. Sanandra, mon radeau dans la mer de ma frousse, je ne te lâcherai plus... Je voudrais que cesse ce tremblement, je n'ai plus douze ans tout de même... Je suis livide, j'en suis sûr.

Elle s'écarte.

« Tu veux dormir un peu ? »

Colère.

« Non, mais ça ne va pas, non ? Je suis en Inde, je change de vie, je trompe mon fils, ma femme, je prends deux avions coup sur coup et tu voudrais que je dorme ? Ce n'est pas parce que je ne me précipite pas sur toi comme une bête que je vais passer la journée au lit comme un vieux mec, je...

— Taj Mahal, dit-elle; si Rani Tank n'est pas mort, nous serons seuls pour le visiter. Viens.

— Qui est Rani Tank?

— Le gardien. »

Elle s'élance à bride abattue, les couloirs défilent, même pas eu le temps de me raser. Voici à la limite de la plaine le point d'or du soleil, l'épingle minuscule qui l'accroche au versant de l'horizon.

Secoué dans le rickshaw, je me gratte la tête.

« Avec un type normal, dis-je, tu serais en train de faire l'amour. »

Sa sandalette se balance au bout de son orteil.

« Avec un type normal, dit-elle, je serais à l'Université, et ce rickshaw roulerait à vide. »

Je soupire. L'herbe tiède sort de la nuit par grands pans humides... La pluie grelotte sur les feuilles comme une larme sur une joue.

Nous avons fui le Taj Mahal... Le sentier grimpe le long des murailles de grès rouge; voici sur la gauche les villes mortes.

« L'Inde en est remplie; il y a des circuits organisés qui mènent de l'une à l'autre, si bien que l'on peut traverser le pays sans voir un être vivant, que des pierres et des statues. Ces excursions ont un immense succès : les vivants gênent parfois dans le paysage, il arrive même qu'ils le gâchent.

— Les vivants gâchent toujours tout. »

Pas terrible comme remarque, un côté cafardeux et grandiloquent qui m'irrite contre moi-même. Je n'ai pas dû totalement digérer la séance de l'hôtel. On aurait pu appeler ça « Les emportements de la chair » ou « L'élan du fauve ».

« Je suis idiot... Je n'ai pas l'habitude de jouer un rôle dans la vie des gens. »

Elle s'arrête, enlève un caillou qui s'est coincé entre deux orteils.

« Il faudra t'y faire, c'est toi la vedette, plus question de te camoufler derrière le décor. »

Je me gratte la tête.

« Je savais que tu allais te gratter la tête.

— Tu as gagné, dis-je. Tu emportes deux boîtes de jeux et on t'applaudit bien fort.

— Pourquoi t'es-tu gratté la tête ? »

Oh ! Sanandra, si je savais...

« Je n'arrive pas à me trouver désirable, je commence à avoir des plis autour des hanches et... »

Ses cheveux sentent bon, c'est un été qui me frôle la bouche.

« C'est vrai, murmure-t-elle, c'est affreux..., jamais je ne pourrai t'aimer... »

Ses mains remontent, s'attardent sur moi, elle n'a pas peur de me toucher, elle ne connaît pas ces repliements en tempête qui me brident les élans de la vie. Parce que j'ai envie de toi, immensément, mais je voudrais tellement ne pas tout louper que je freine, malheur, je freine de toutes mes roues.

« Il arrive que tu te détendes ? »

Je me sens noué comme un vieux lacet; ses doigts courent sur mes épaules à travers la chemise.

« Je ne suis jamais parvenu à trouver l'extrémité de la pelote, dis-je, tout est emmêlé depuis ma première dent de lait jusqu'à toi.

— Je t'apprendrai le yoga, dit-elle, la paix intérieure, tous ces trucs-là... »

Je la tiens enlacée... Sur la rive gauche de la Yamouna, un autre mausolée, un autre encore..., les grands tombeaux des princes persans dont les esprits croulèrent dans les fumées d'opium... Cernés par les cimetières, nous ne bougerons jamais... Je me sens trembler de fatigue, de tendresse, de faim peut-être, de soulagement aussi : je ne verrai plus l'homme en blanc, cette histoire folle est derrière moi à présent, tout ce micmac d'angoisse est fini à jamais... Je me demande en cet instant s'il n'est pas autre chose qu'un produit de ma fièvre, une imagination née de mon bouleversement; j'ai dû conférer à une silhouette une importance nourrie de ma peur... Etait-ce bien le même ? Je l'ai vu de si loin lorsque nous étions en barque, la taille d'une allumette, et une autre fois, je courais affolé, ce fut un éclair... Le plus idiot, c'est que j'ai regardé s'il n'était pas parmi les voyageurs lorsque nous sommes montés à bord, mais non, je n'ai même pas senti ce parfum à vomir, cette écharpe d'odeur qui flottait, fadasse et mourante; j'ai dû renifler à petits coups retenus comme un chien de chasse, un chien qui aurait craint de trouver la piste...

Adieu, je t'ai semé, cauchemar...

Départ.

Contrôle à la limite de la brutalité. Entre deux toiles de sac tendues sur des cordes de chanvre, un immense sous-officier sikh au teint d'olive et à la barbe paille de fer me fouille millimètre par millimètre; il se dégage de lui une odeur de piment et d'urinoir absolument stupéfiante... Recherche autour de la ceinture, aux chevilles... Que cherche-t-il ?... Il y a eu ce matin des attentats à la bombe à Bombay et à Allahabad, les terroristes peut-être dont parlait Cenderelli.

Derrière un hangar de tôle où rissolent des enfants nus au ventre en poire, un avion enfin, un

zinc à deux moteurs, une vague allure de tortil-
lard des airs et de machine à coudre.

« Si ce genre d'engin s'envole, dis-je, je ne
doute plus de rien. »

Le poste de pilotage que je devine en grimpant
la passerelle est aussi crasseux que le tableau de
bord du taxi qui nous a transportés jusqu'ici. Je
suis sûr que le train d'atterrissage se rentre en
tirant sur des ficelles.

Nous sommes une dizaine éparpillés dans la
carlingue. A l'extrémité, près de la queue, une
hôtesse en sari bâille dans l'allée déserte et propose, sans y croire, des bonbons gluants qui collent au plateau; même l'unique gosse du voyage
refuse.

La bourre des dossiers des sièges est crevée et
il y a un demi-kilo de mégots sous chaque cendrier.

Voici des musiques. Orientales cette fois; le
moteur part avec quatre hoquets prodigieux, s'arrête et s'emballe. Le temps d'attacher ma ceinture et un géant donne un immense coup de pied
au gouvernail de l'avion qui fuse à la verticale
comme un ballon de football.

Nous redescendons et je me demande si le goal
adverse va nous bloquer au passage lorsque
revoici l'hôtesse avec son plateau.

« Méfie-toi, dit Sanandra, cette femme t'en
veut. »

J'ai sur les genoux le repas le plus sec de toute
ma vie enveloppé dans un sac de plastique : deux
biscuits soudés au ciment armé, deux tranches de
pain parfaitement inséparables grâce à une subs-
tance médiane ayant la consistance de la glu et
la saveur intermédiaire entre la bougie de quin-
caillier et le savon de Marseille. Le dessert se
présente sous la forme d'une tranche de cake qui,

lorsqu'on la frappe avec l'index, résonne comme du contre-plaqué.

« C'est un ancien stock de l'époque de l'empire des Indes, explique Sanandra, il n'a jamais pu être épuisé. »

Trois rangs devant, une Américaine crache de la poussière de sandwich dans les rayons du crépuscule. Doucement, elle s'étouffe dans une poudre de ciment. J'avale une bouchée et je n'ai soudain plus d'ouvertures.

« Arphgh », dis-je.

Sanandra me tend un gobelet de carton plein d'eau tiède et qui coule dans le mortier de mon gosier.

Je regarde sa main qui s'est posée sur mon genou.

« Tu as l'air bien rêveur... »

En bas, la terre s'aplatit et rougit, plateau de cuivre incendié. Pour quel pays partons-nous ? On dit d'Agra qu'elle est la ville-fleur; après la terrible et funèbre Bénarès, nous volons vers les murs les plus lumineux du monde, les jardins d'amour et de marbre ouverts sur la vie dans la gloire de l'été. Agra chante éternellement la douceur d'un serment ininterrompu.

C'est là-bas que nous vivrons ces heures qui nous restent.

« J'ai toujours pensé, dis-je, que faire l'amour avec une dame, c'est tout de même faire montre d'un gros sans-gêne.

— Cela s'apparente parfois à une grande familiarité. »

Elle se fout de moi, il n'y a pas d'autre mot; l'Orient libéré et luxurieux se moquant de l'Occident empêtré et pudibond. Statue allégorique.

« Regarde... »

Dans l'immense flamme tendue qu'est devenue la plaine, les masses sombres de Khajuraho, les temples de l'amour, bûches calcinées surnageant dans le crépuscule luttant de tout l'enlacement de leurs statues contre l'emprise de la nuit.

Vers quoi volons-nous? Catastrophe ou volupté?...

« Ecoute bien ce que je vais te dire... »

Elle a mis ses deux mains derrière ses oreilles pour mieux capter les sons qui vont sortir de mes lèvres.

J'articule :

« Le phallus de l'avion glisse dans le sexe de la nuit. »

Elle me fixe, bouche bée. Pour une fois, je serai parvenu à lui couper l'arrivée d'air. Elle laisse échapper un long sifflement admiratif et me regarde.

« Eh bien, dis donc dis donc dis donc...

— Je suis ainsi, dis-je, amour et cosmos. »

L'hôtesse repasse avec son plateau de bonbons agglutinés, les mêmes à chaque voyage, et laisse échapper un énorme bâillement.

Chuchotements, un souffle chatouilleur dans l'oreille.

« Et c'est ainsi qu'en cet été de l'an 78 Jean-François Varnier fit l'amour avec une fille du Rajasthan. »

Force des mots : une fille du Rajasthan, cela signifie des voiles transparents, des anneaux aux chevilles, des colliers en cuirasse, des bagues à tous les doigts, des encens brûlant dans des cassolettes, des danses pour hanches lourdes et les complications des gravures tantriques, l'endroit où se fondent amour et gymnastique suédoise. Et voici qu'en cet instant la fille du Rajasthan sent l'eau de Cologne et n'est plus qu'une fille nue et heureuse.

« Tu n'avais pas trop d'images du Kama Soutra dans la tête?

— J'avais un peu peur que tu veuilles rester debout et que tu me serres de tes douze bras. »

Elle rit.

« On pourra essayer si tu veux. Tu aimerais un baiser papillon?

— Qu'est-ce que je dois faire?

— Rien, surtout rien, cesse de vouloir toujours et à tout prix être le principe actif. Tu te détends au maximum et tu admires mon habileté. »

Son visage s'approche.

« Ferme les yeux. »

Qu'est-ce que ça va être? Un truc à vous faire grimper aux rideaux?... à plonger des générations de lycéens dans des océans de rêveries perverses?... Fresques érotiques des temples de Khajuraho, protégez votre admirateur.

Un frisson sur les lèvres, un agacement sur le cou comme un tressaillement acidulé... Mais avec quoi fait-elle ça? J'entrouvre un œil : ses cils tremblent sur ma peau, ils vibrent... Tournent les ondes... Elle s'assoit brusquement.

« Comment tu trouves? C'est dans le livre des caresses. Chapitre 136. »

Je n'ai jamais aimé que toi, Sanandra, c'est de cela qu'il s'agit tout bêtement; j'ai fait du chemin pour cela, j'ai mis quarante années à te trouver et je ne te garderai que peu de temps, quelques jours, quelques heures encore, mais rien n'importe... Il y a cette nuit qui a commencé, il y a celle qui viendra.

« Je ne suis pas un tempérament de feu, dis-je, je me demande à quoi ça tient, mais j'ai envie de remettre ça immédiatement et sans délai.

— Ça tient à moi parce que je suis exotique, que tu as lu plein de livres sur la luxure dans les harems avec les favorites, les eunuques et les cent mille et une façons d'enjoliver les choses.

— Exact, pour une fois que je m'offre une bayadère, je veux en avoir pour mon argent. »

Il est une chose que je voudrais savoir...

« Tu es un film de la Paramount à toi toute seule, l'aubaine des producteurs : belle, orientale, jeune, mystérieuse, intelligente, sensuelle, militante et j'en oublie...; j'arrive et je tombe amoureux, c'est dans la norme et la logique des choses. Or je ne suis pas beau, pas oriental, pas jeune, pas mystérieux, pas futé-futé, la sensualité sous des tonnes de morale blindée et pas politisé pour un quart de roupie, alors je te pose la question : pourquoi as-tu succombé à mon absence de charme ? »

Tu vas t'en tirer par une pirouette... Aussi bien, c'est vrai que c'est un peu saugrenu comme question, ça ne repose sur rien, sinon sur l'indicible...

Peau d'or..., elle a une peau d'or, lisse comme un lait, une crème de peau; sa voix est lente et basse et je veux que ce soit là l'octave exacte de la vérité.

« Ta peur affleure, dit-elle; on la sent battre à tout instant sur tes tempes, on la voit dans tes yeux, elle s'entend... et tu continues toujours, tu triomphes à chaque heure... »

Ce serait cela alors..., ce déséquilibre rattrapé..., mon petit bonhomme de chemin; elle m'aura aimé parce que je clopine. Je ne comprends pas bien, mais j'ai si peu l'habitude...

« Tu gagnes, ajoute Sanandra, tu ne t'en rends pas compte, et pourtant je te l'ai dit dès le premier jour : tu es un gagneur..., un dur. »

Les baisers tombent en pluie, en orage écrasé.

« Je balbutie, dis-je, je m'emmêle dans la vie, je trébuche sur les moquettes... »

Elle ne répondra plus. Sa peau est chaude, un

grain d'étoffe, Seigneur, que je ne méritais pas. Aucun remords en moi. Louis, en cette seconde... Juste une prière pour que me soit donné un tout petit peu le talent de t'octroyer, Sanandra, un peu de plaisir... Je ne suis pas un grand amoureux, je me le suis dit souvent, et c'est vrai que le sexe m'a ennuyé parfois. Les fesses sont si rondes qu'on en a vite fait le tour... J'ai mes envies, bien sûr, mais il m'est arrivé de me demander si l'on ne faisait pas tout un plat d'un truc bien anodin; peut-être des techniciens avaient-ils des secrets pour détecter la bagatelle sous la banalité... Et voici que cette nuit j'éclos comme un poussin, vieux poussin bien pataud, mais c'est toi qui soupires, Sanandra, et si tes yeux se noient, si tes bras m'enserrent, c'est qu'en moi tout simplement une force ancienne et inutile vient enfin de se trouver un désir... Viens encore, quittons Agra et Paris XVIIIe, il est bien des rivages où nous aborderons, ces pays où l'on s'éveille pour remourir aussitôt, les contrées des lentes secousses, les déserts aux lueurs de pulsation. Dans quelques secondes, je vais trouver cette nation qui était mienne, unique et réservée, voici mon pays aux frontières en corps de femme, en corps de toi...

Cela monte, viens, nous allons mourir en lourdes diaprures, en ruées profondes, il vient, l'éclatement; il vient, Sanandra, voici le secret, voici l'orbe et l'aurore, toutes les couleurs, la note ténue avant l'effondrement déchiré des lourds tambours de chair... Voici enfin le secret du Taj Mahal; ce qui flottait dans le caveau de vieux marbre, le soleil losange sur l'os des tombeaux, c'était ce chant terrible qui montait du ventre des amants, le chant de vérité...

Et lorsque tu retombes sur moi, affolée encore, le cœur dans tes yeux voilés, je sais que cette fois j'ai trouvé le chemin sans retenue, la route sans nuances, je sais que tu ne cesseras jamais d'être le terme de mon voyage.

« Vous ne connaissez pas par cœur le numéro de votre passeport ?

— Non. »

A voir son air, je devrais.

Parle le moins possible. Sois calme comme un innocent. Ne pose pas de questions, enfin pas trop, car il faut tout de même que j'aie l'air de trouver ça anormal, sinon c'est moi qui vais paraître louche.

« Pourquoi est-ce que...

— *Control.* »

Il prononce à l'anglaise. Ça fait encore plus sévère. Le petit en flanelle parle un français mélangé de caramel mou.

« Vous avez prolongé votre séjour de deux jours...

— Oui. »

Il le sait, il a en main le billet d'avion. Une chance que j'aie tout eu sur moi. Elle dort là-haut. Ils ne vont pas monter... J'ai le droit de... Enfin une femme a le droit de dormir avec qui lui plaît, ce n'est pas un motif d'arrestation... Le concierge s'est enfoui dans ses papiers. Le hall est vide à cette heure-ci... Une bonne idée que j'aie eue de me lever aux aurores. Ils attendaient comme s'ils n'avaient que cela à faire. Ça a l'air d'être l'essentiel de leur boulot, d'ailleurs. Trois fois qu'il compulse mon passeport... On dirait qu'il lit un roman même sur les pages blanches. Il doit pourtant voir que je ne voyage pas beaucoup.

« Vous êtes venu pourquoi ?

— A Agra ?

— Oui, à Agra.

— Pour le Taj Mahal.

— Et en Inde ?

— Tourisme. »

Essaie de me contredire, petit mec.

Elle est surveillée... Veuve d'un activiste politique notoire... Ils pensent que je suis venu créer une filière, poser des bombes, ou Dieu sait quoi... Tu vois, à force de jouer au méchant terroriste, ça finit par arriver. Plus un poil de sec. C'est au ventre surtout que ça se contracte. J'espère ne pas glouglouter les bruits de ma peur. Une vraie danse d'intestin. Ils ne peuvent pas m'arrêter... Scandale international, la une dans les canards du soir : *Un citoyen français dans les geôles de l'Inde...* La tête à Simone. Chut, tais-toi...

« Vous partez pour où ? »

C'est inscrit devant lui sur le registre, je l'ai écrit hier soir.

« Delhi.

— Vous descendez où ?

— A l'hôtel, j'ignore encore lequel. »

Il a une dent grise, ferreuse, une canine. L'air dolent, flasque. Si j'essayais de m'échapper, je sens cependant qu'il me rattraperait vite.

« Vous êtes déjà passé par Delhi...

— Oui, à l'aller.

— Et vous n'avez pas pris d'hôtel ?

— Non, j'ai pris tout de suite un train pour Bénarès.

— Pourquoi le train, puisque vous aviez un billet d'avion ? »

Il voit tout, ce type, il tient le billet comme on tient une araignée, par une patte.

« J'avais du retard. Je l'ai manqué. »

Regard. Il a l'air de penser que j'ai la réplique futée. Mon Dieu, faites que j'aie l'air con !

L'autre écrit. C'est un Sikh somptueux, la barbe lissée au quart de millimètre, impeccable; pas un milligramme de graisse en trop. Il ne me regarde pas, depuis le début.

Ils vont me ficher. Enquête internationale... Avec ces groupes d'activistes, détournements d'avions... Qu'est-ce qu'ils croient...

« Je suis dans les assurances, à Paris... Est-ce que vous pourriez m'expliquer ce qui se passe... »

Le flasque lève une main apaisante.

« *Control.* »

Il tapote le passeport, le retourne, le flaire, un coup de pouce feuilleteur...

« Cela ne demandera que quelques minutes; veuillez nous suivre. »

Mes pieds bougent seuls, je recule d'un mètre. Je jure que je ne vais pas faire pipi.

« Je ne vois pas pourquoi je vous suivrais. »

Le Sikh est resté accoudé. Du pouce, il enclenche les ferrures de son attaché-case; un sale son cliquetant comme un bruit de verrou ou d'arme.

Ne sors pas, Jean-François, tu ne sais pas qui ils sont, peut-être pas de la police...

L'homme à la dent grise hausse les épaules, l'air ennuyé; il sait que, de toute façon, tôt ou tard, je viendrai et que nous perdons du temps.

« Où devons-nous aller ? »

Le doigt se lève et montre la voiture par-delà les vitres; c'est une Dodge, un vieux modèle, elle stationne le long du trottoir. Il manque de l'air au pneu avant droit.

Ils vont m'abattre. Une fois dans la voiture, ils m'abattront. Je vais m'asseoir par terre; si je me cramponne et hurle, des gens viendront. Le Sikh me regarde, il a sa mallette à la main. Mes genoux ne sont plus à moi. Mon corps n'est plus à moi.

Mon passeport est toujours dans sa main... Courir dans les escaliers, m'enfermer dans la chambre... Ils nous prendront, Sanandra affolée... Je ne dois pas me faire protéger par elle. Je n'ai rien décidé et pourtant j'avance...; mon corps remue sans moi. Ils m'encadrent.

La rue vacille. Ils vont tirer tout de suite. C'est le Sikh l'exécuteur; mon dos est immense, rien de plus tendu, de plus pénétrable... Il va y avoir cette fraction de seconde inexplicable, cet envahissement rougeoyant; la douleur se rue en torrent, forée par une balle tournoyante. Il y a quelqu'un à l'arrière, les reflets le cachent, la vitre se baisse.

La main se tend et happe mon passeport : des doigts de cire, graciles et rapides, ceux qui maniaient le diable à grimaces.

Peut-être ai-je toujours su que je le reverrais. Je ne peux apercevoir que le bas de son corps; la neige du costume brille, assourdie sur le velours gris de la banquette. La rue est vide, trois hommes debout, le chauffeur et lui, à l'arrière, étouffant dans l'odeur tiède des pétales sucrés... Je sens la colère venir..., ils n'ont pas le droit, ce sont eux qui ont dû abattre Singh Chanderi, ils sont partout avec leurs gueules fermées dans tous les recoins du monde, traquant la liberté, ils sont les gardiens implacables, les tueurs..., les chasseurs de ceux qui se battent pour plus de pain, plus de bonheur, plus de vie; ce sont eux qui entrent dans les cellules de l'aurore avec leurs pattes froides et leurs yeux morts et qui brisent les nuques de ceux dont les cœurs s'étaient emplis d'un rêve qui s'étendait à d'autres... Ils sont la haine, la force et le mal et ils sont là, et ils ne m'auront pas, merde alors. Je me penche :

« Depuis quelque temps, des guignols glissent des photos sous ma porte et je vous rencontre un peu partout. Je suis heureux de pouvoir vous dire deux choses : d'abord vous me rendez mon passeport et ensuite, la prochaine fois que je vous trouve sur mon chemin, je vous flanque mon poing sur la gueule. »

Il referme mon passeport, me le tend.

Il n'a pas de cils aux paupières : deux boutonnières imperceptibles dans la soie tendue du visage.

« Monsieur ne parle pas le français », dit Canine grise.

C'est peut-être aussi bien comme ça; je fourre mon passeport dans ma poche. Les lèvres sont invisibles, la bouche est une fente mouillée. L'homme murmure quelque chose.

« Il vous souhaite bon voyage pour votre départ de mercredi. »

Cela veut dire que je n'ai pas intérêt à prolonger une nouvelle fois mon séjour. Ça, je l'aurais deviné tout seul. La vitre est déjà remontée, les reflets en bandes d'argent diagonales réapparaissent.

« Dites-lui de ma part de changer d'eau de toilette. »

Si je voulais les faire rire, j'ai totalement loupé mon coup.

« Au revoir, monsieur Varnier... »

Je ne serai en sécurité que dans l'hôtel; cette rue à traverser est la plus large du monde. Je ne me retourne pas lorsque démarre la Dodge.

Le concierge n'a pas bougé. Je m'accoude négligemment au comptoir... Des ondoiements dans les mollets. Je lui dis ? Elle doit connaître cette surveillance, c'est inutile de l'inquiéter.

Si j'étais un dur, je prendrais un whisky.

A six heures du matin, dans un hall d'hôtel, ça fait drôlement aventurier. Ça risque aussi de me coller la migraine.

Les espions internationaux n'ont jamais la migraine.

Je m'installe au bar.

« Whisky, *please*. »

Le soleil se lève.

XII

DELHI la pitoyable...

Là-bas, vers l'est, entre les semi-buildings de tuile rougeâtre, là où rouillent les néons et les ferrailles des publicités monumentales, c'est la gare; il y a huit jours à peine, j'arrivais tout suant, cramponné à ma valise... Et m'y revoici, mais entre-temps la vie est venue, le coup de poing de la vie qui a pris la forme de cette fille que je ne dois plus quitter si je ne veux pas cesser d'être moi, si je ne veux pas redevenir l'autre, le pas-verni, le grisailleux...

« Nous devenons l'un des pays les plus touristiques du monde : il n'y a rien de plus pauvre que nos paysans, et lorsqu'ils viennent ici, à Bombay ou Calcutta, ils s'entassent par millions dans des cahutes de carton ou de tôle ondulée, de sorte que, à la ville comme à la campagne, nous offrons le maximum de dénuement. Le visiteur n'est jamais déçu, la misère est partout, le spectacle est permanent, les photographes de mendiants ont des milliers de portraits à tirer, c'est l'euphorie assurée. »

Je serre l'épaule de Sanandra.

La pluie a été forte, toute la nuit, elle n'a pratiquement pas arrêté; je l'ai écoutée longtemps tandis qu'elle dormait. Je n'oublierai pas la double musique : les larmes chaudes écrasées sur les vitres et le souffle régulier de cette femme que je vais perdre. Mon Dieu, il faudrait qu'un jour j'arrive à vivre quelque chose sans me dire aussitôt que je dois m'en souvenir... Il a plu si fort que ce matin il y avait cinq centimètres d'eau dans les rues et sur les places. La ville s'est emplie du clapotis des pieds nus dans ce lac tiède. Nous avons regardé du haut de la terrasse l'éponge de la terre se gorger lentement de cette pluie précieuse jusqu'à ce qu'éclosent de grandes plaques sèches qui s'abreuveront à nouveau ce soir... D'ici, du toit de l'hôtel, nous surplombons les pelouses, les parcs... Sur les marches des mosquées, dans les jardins du Parlement, sous les hauts ponts inutiles, devant les remparts du Fort Rouge, ils dorment... Des linceuls gris brûlés de soleil recouvrent leurs membres cassants : ils sont partout, ils ne bougent jamais... Les cadavres se repèrent au tournoiement des charognards, au grouillement plus intense des mouches lourdes et sans forces. Des barbelés, de longues murailles hostiles où des bâches déchirées abritent des hordes de semi-vivants...

Sur les trottoirs de la ville basse, des corps agglomérés s'incrustent dans le renfoncement des portes, épousent les caniveaux; les avenues montent, hostiles, monumentales : voici la cité la plus longue, la plus plate, cernée de parcs où crèvent des chiens sans poil de cette couleur rosâtre des cochons, des peaux comme les anciens buvards d'écoliers... La mort ici, moins sublime, moins terrible qu'à Manikarnika, mais plus douloureuse, plus anonyme, une mort urbaine, couleur de macadam et de tôle ondulée.

« On dit que Calcutta est pire... »

Sanandra fixe les formes affalées dans la poussière à l'ombre d'un parapluie fiché.

« C'est une idée d'Occidental, on meurt partout. »

Nous nous regardons dans la splendeur terrible de ce matin, le soleil foudroie la plaine que nous dominons. D'en bas montent des cris d'enfants et des bruits d'eau; de jeunes Américains, Allemands, Japonais plongent dans la piscine.

« Je me demande si nous sommes suivis ici également. »

Je regrette aussitôt d'avoir dit cela; il reste peu de temps et pourquoi le gâcher...

« En fait, c'est très sporadique, dit-elle; pendant des mois, ils ne s'intéressent plus à moi, puis, un matin, la voiture est encore une fois devant la maison... Ce doit être la routine. La tradition est si forte qu'ils doivent penser qu'une femme ne peut que continuer l'œuvre de son mari... En fait, ils s'intéressent plus aux personnes que je connais qu'à moi-même; je suis pour eux une sorte d'indicateur involontaire.

— Je m'en suis aperçu.

— Ils ne sont pas très malins et ils ne sont pas très puissants.

— Ils sont venus à Agra, le matin de très bonne heure... Tu dormais encore. »

A la table voisine, un homme joue seul aux dames, tandis que sa femme bâille dans la lumière; un petit garçon trace sur la nappe de longues rigoles de thé à l'aide de son index mouillé : les vacances.

« Tu as eu peur ?

— J'ai suspendu leurs cadavres dans un des placards de l'hôtel.

— Je savais que je pouvais compter sur toi. Que voulaient-ils ?

— *Control.*

— Je vois. Tous les gens qui m'approchent sont suspects. Louis a eu des problèmes également, mais il n'en a pas compris la raison; il a mis cela sur le compte des habituelles tracasseries policières... »

L'homme joue toujours, une ride de concentration entre les sourcils.

« Pourquoi est-ce qu'il ne joue pas avec sa femme ? »

Le type a entendu, il lève le nez, cherche à éviter le soleil pour nous apercevoir.

« Je ne joue pas seul, dit-il, c'est si vrai qu'il m'arrive de perdre contre lui.

— Qui est lui ? »

Il incline le parasol et me dévisage.

« Technique de matérialisation, il ne s'agit pas simplement de dédoublement mais du surgissement d'une nouvelle entité psychologique complètement étrangère à moi-même. »

Il a un accent bruxellois, une ombrelle verte, un short kaki et un petit chapeau bleu.

« Est-ce qu'il vous arrive de le battre ? »

Il incline la tête.

« Cela peut arriver. »

Je regarde la place vide en face de lui. Il avance un pion noir, se le fait prendre par un blanc, redéplace un noir qui avale deux adversaires d'un coup.

Sa femme soupire, le regarde comme s'il était un caillou dans sa chaussure tandis que le petit garçon verse, l'œil torve, le restant de café au lait dans le pot de fleurs.

« Cesse, Odin », gémit-elle.

Les occasions de gémir ne doivent pas lui manquer.

« Il domine, dis-je, vous allez vous faire avoir... »

Il lève les yeux, murmure une injure au joueur

invisible, avance un nouveau pion, réfléchit, s'en prend quatre à lui-même, dit merde trois fois de suite et se prend la tête à deux mains.

« Comment vous l'imaginez? demande Sanandra.

— Fort aux dames », dit-il.

Je regarde l'épouse. Je me demande à combien ils se retrouvent dans le lit lorsqu'ils ne sont que tous les deux. Elle a des lunettes de scaphandrier et une charlotte tricotée au crochet enfoncée jusqu'aux oreilles.

Odin est en train d'enduire la serviette de beurre en procédant comme pour une biscotte. Il a l'air le plus équilibré des trois, de très loin.

Son père ébranle la table d'un coup de poing et fusille le vide du regard; il a encore perdu.

« Vous ne pouvez pas tricher?

— Il s'en apercevrait. »

Sanandra ramène son sari autour de ses jambes.

« Et vous êtes venu en Inde pour perfectionner votre technique?

— Exactement. J'étudie ces méthodes dans des livres, mais cela ne me suffit plus, il me faut établir un contact direct et palpable avec un maître. On m'en a signalé un à Patna et nous allons nous y rendre dès demain. »

La dame soulève un pan de sa charlotte et balance une gifle à Odin qui couine.

« On ne met pas de confiture sur ses souliers », dit-elle.

Le gosse repose la petite cuillère et place un crochet à sa mère qui encaisse et remise d'une droite. Odin tombe de sa chaise, se relève et shoote au tibia; impassible, la mère prend le coup de plein fouet et, sans bouger du siège, place un uppercut au foie. Odin se plie et repart à l'assaut en feintant des deux mains.

« Pourquoi l'avez-vous appelé Odin ? demande Sanandra. C'est un nom de dieu. »

Le Bruxellois rattrape une tasse au vol et suit le combat d'un œil blasé.

« Seuls les dieux m'intéressent. »

Le dieu a réussi un doublé qui ébranle la charlotte mais se fait prendre en contre.

« Si vous quittiez votre chaise, dis-je à la maman, vous gagneriez. »

Elle me jette un œil vide et ennuyé, esquive un crochet et lance un direct; Odin pédale dans le vide en hurlant de rage, fait le tour de la chaise et frappe à la nuque, un coup de bûcheron.

« Eliminé, dis-je, le coup est irrégulier. »

Le gosse pivote et me place deux une-deux au plexus; la main de Sanandra part en éclair et le claquement indique qu'elle a visé juste, il fonce sur elle à cent à l'heure. Jamais un gosse de cinq ans n'a autant ressemblé à un marteau piqueur. Je lui lance un croche-pied, il me happe la cheville d'une main, la nappe de l'autre, tasses, soucoupes et théière explosent au sol.

« Nous n'allons pas tarder à vous quitter, dis-je, cela fait toujours plaisir de rencontrer des voisins tout proches. »

Sanandra essuie la longue bandoulière de confiture qui décore son corsage.

La mère bloque son fils tandis qu'il cherche désespérément à lui arracher les yeux.

« Merde, éructe Odin.

— C'est la chaleur, explique le père, le soir il est parfois très excité.

— J'espère retrouver l'hôtel entier », dis-je.

Nous regagnons la chambre.

« Charmant bambin, constate Sanandra, une rare vitalité.

— Tu lui as collé une belle pêche, dis-je, je suis fier de toi. »

J'effleure sa joue, sa bouche.

« Attention à la confiture...

— Je m'en fous... »

Sur le lit, une valise entrouverte qui tombe à terre, le grand soleil à travers les voilages tendus pour la haute croisière, le grand voyage aux ailes déployées. Je n'avais pas eu vingt ans une seule fois dans ma vie...

Faubourgs de Delhi.

Dans le soir venu, c'est Argenteuil, Nanterre ou La Garenne, les alignées des H.L.M. bordent le ciel rose d'une frise noire et régulière... Voici les brouillards qui montent.

Des vélos par millions, des scooters, des voitures, ici aussi on rentre. Des lumières aux fenêtres ouvertes sur les vents chauds.

Des enfants jouent dans les cours étroites, du linge pend entre les blocs dont le crépi s'effrite. Naples, Bezons, l'Inde..., où est la différence ? C'est aussi cela, ce pays : des châteaux d'eau, les toits de tôle ondulée des grandes fabriques, les locos fument, oubliées, le long des remblais, et les brumes qui recouvrent lentement toutes choses semblent naître de ces cheminées d'enfer.

Sur le pas des hautes portes, des jeunes collent aux transistors. Ils portent les hauts pantalons des grandes capitales, les chaussures westerns, les chemises Prisu, les cheveux coupés rocker, spécial loubard d'Occident... Ils nous regardent passer, l'air futé et ricaneur des gosses grandis dans ces bouts du monde, et les voici semblables, le temps d'un coup d'œil, aux enfants de Montrouge et du Bronx et de partout ailleurs, de tous les lieux où l'on s'assemble et où l'on est pauvre. Où sont-ils ici les sadhus, les ashrams, les bûchers et les flûtes à cobras ? Ce monde est fait de tant de mondes que je ne sais plus qui il est...

Des graffiti sur les murs; s'il n'y avait pas ces vaches sur les espaces verts et des singes attachés aux balcons de béton et de fer, je pourrais croire que j'ai retrouvé l'Europe...

Cet homme qui descend de scooter, manœuvre la béquille, soupire, grimace sous les cris stridents des enfants réverbérés par les murs trop sonores, le voici qui monte l'escalier F du bâtiment C... Il a les gestes de cette lassitude que je connais si bien puisqu'elle est celle de chacune de mes soirées, puisqu'elle est ma fatigue et ma routine.

« Jahanpanah, dit Sanandra. Le quartier fut moderne il y a dix ans, mais rien ne dure ici; le soleil, la mousson et la surpopulation dégradent toutes choses. Pourtant, ceux qui y vivent sont enviés : ils ont un métier, un toit, une assiette parfois pleine. Viens. »

Nous grimpons dans un déluge d'odeurs et d'enfants, il y en a un sur chaque marche, à chaque fenêtre; les yeux brillent, lumières de la nuit qui vient... L'eau est sur le palier; souvent, les portes ont été retirées, les pièces cubiques sont vides, les murs crépis, des nattes, des tapis où de vieilles femmes dodelinent autour d'un narguilé ou de pots d'argile, une gravure parfois, un dieu bariolé collé au mur par du papier collant.

Sanandra enjambe les corps, je la suis dans le dédale d'escaliers; des poutrelles relient les blocs entre eux, des passerelles surplombant le vide et les palmes des bananiers.

« Où allons-nous ?

— Une amie, nous n'y resterons pas. »

C'est au fond d'un long couloir aux peintures écaillées.

« Sanandra ! »

Une petite noiraude s'est jetée à son cou, elle a des jeans crasseux, une chemise d'homme trop grande, vingt ans et un mégot de Viceroy collé à la bouche.

« Entrez. »

Il y a un type avec elle, long et mélancolique; nous nous asseyons par terre; il n'y a pas de meubles, qu'une photo au mur : des élèves alignés au cordeau debout derrière un prof assis sur un fauteuil à dossier droit; une légende court autour du cadre; *Sweet Rememberance*. Doux souvenir... Les visages évoquent le bagne d'enfants et la prison militaire.

Sur le sol, des livres en tas, une machine à écrire. Il s'appelle Manarath, elle Barah. Il fait une chaleur d'enfer, les cris des gosses se répercutent en échos prolongés.

« Il est très dur de travailler..., les bruits... »

Je désigne le tas de feuilles dactylographiées.

« Ça n'a pas l'air de trop mal marcher pourtant... »

Il hausse les épaules. Ils sont étudiants en philologie.

« Mon but, dit-il, c'est de trouver une sorte de lien commun entre les langues les plus parlées sur le territoire indien et de fabriquer avec cela une langue nationale, ce qui aurait l'avantage de supprimer l'anglais et de conserver l'indianité, faire une sorte d'espéranto, malheureusement... »

Il boit un thé âcre et fort et laisse passer un long hurlement de gosse avant de poursuivre :

« ... il me faudrait disposer d'ordinateurs, il n'y a rien de commun pratiquement entre le télougou, le tamil, l'assamais et le sanskrit, les racines ne sont pas les mêmes.

— Sur combien de langues travaillez-vous ?

— Neuf cent douze et toutes ne sont pas répertoriées.

— Bon courage », dis-je.

Sanandra et son amie parlent en hindi.

« La programmation sera très longue, il y faudrait une équipe de philologues et de mathématiciens, mais un jour cette langue existera. »

Je le regarde : au fin fond de sa H.L.M. battue par un océan de clameurs, sur une vieille Remington déglinguée, un jeune homme, assis par terre, rêve de donner à son pays la langue de ses pères; je ne sais pas s'il faut admirer ou rire, pleurer ou se moquer... Le visage est émacié par la fièvre, la peau est splendide, sans pores, unie et brillante comme une toile cirée.

« Barah fait partie de toutes les campagnes de lutte contre la natalité, elle vous en parlera; et vous, vous avez une activité en France en dehors de votre travail ?

— Non. »

Je me trouve idiot... Qu'est-ce que je ferais dans nos sociétés d'abondance ? Qui songe, comme ce garçon, à viser un objectif pour un monde qui n'en a pas besoin ? Nous n'avons même plus besoin d'espérances...

Manarath a réenfourché son cheval.

« Il est possible que la télévision puisse nous aider, mais elle n'existe pas encore, il y a deux heures d'émission chaque soir dans trois villes seulement; à Delhi, moins de trois mille personnes possèdent un poste. »

En l'écoutant, je regarde Sanandra. Je ne croirai jamais qu'elle a été à moi, qu'elle va l'être encore et qu'il a pu naître ce lien qui, à jamais, nouera nos existences. Par la fenêtre, un lampadaire pisse une lumière jaune qui plombe les visages... La poussière et la fumée ont tartiné la cité qui s'étend au loin, prolongeant la ville jusqu'à ce que, vers l'ouest, commencent les premières campagnes, les palmeraies et les villages enfouis dans les roseaux.

« Aujourd'hui troisième producteur de céréales du monde, nous serons dans cinq ans l'un des premiers pays exportateurs, mais nous continuerons à mourir de faim parce que nous serons trois cents millions de trop... »

Tandis que Manarath parle, elle rit, ramène une mèche qui s'est échappée du chignon de Barah et se tourne vers moi comme je la regarde. Des yeux, si forts et si présents que j'en ai mal soudain, tant de douceur et de rire accumulés que je vais en trembler, Sanandra ma malaria, ma fièvre folle. Vingt-quatre heures encore..., un peu moins... J'ai retenu ma place, départ à la nuit.

« Notre chance peut être le nucléaire, et c'est cela qui déchire le monde étudiant qui, dans sa majorité, est resté gandhiste; sauvegarder les traditions et profiter de cette première chance qui nous est offerte : nous occupons le premier rang mondial dans la production de la plupart des minerais radioactifs. »

Des chiens, des femmes sur les toits de béton. Les fumées montent des marmites, là se mijotent les ragoûts de la nuit. Ils mangent là-haut, sous la nuit bleue, et ils voient au fond de leurs verres les étoiles inversées trembler dans l'or tiède des breuvages. Le pays des sadhus, des brahmanes et de l'arme atomique.

Sur le mur, derrière le placard, la photo de Singh Chanderi...

La ville la plus noire du monde. Des loupiotes tremblent sur des étalages rabougris.

Nous courons sous les gouttes, ma veste au-dessus de nos têtes qui se touchent.

Graines d'anis, écorces, noix, piments, feuilles,

230

fruits fendus, pourrissants... Strié de pluie, le ciel mauve et suri achève sa décomposition sur les pastèques éclatées.

« A gauche, il faut traverser. »

Le rythme se précipite, le tambour des eaux s'accélère, des autobus passent, les terribles autobus du soir : la ferraille gonflée sous la charge des corps, des hommes accroupis sur le rebord des portières cassées, la ruée lente et inlassable des foules mouillées et silencieuses.

La cataracte à présent, droite, infinie; il semble que tombent des piliers de cathédrale, ils se rejoignent tous là-haut à la voûte du ciel; une poussière d'eau jusqu'aux genoux..., les roues des rickshaws font jaillir des gerbes hautes comme des jets d'eau. Une ombre surgit, un sac luisant, une enveloppe de plastique, un poing la crève et se tend vers moi, partout des reflets de visages inondés... Je recule. Ce n'est pas un poing, c'est une main sans doigts, polie comme une pierre, deux yeux sous le repli brillant, l'homme murmure quelque chose; je recule devant cette chose qui avance vers moi.

« Qu'est-ce qu'il dit ? »

Sanandra se penche vers mon oreille pour vaincre le grondement de déluge.

« Dans un mois, sa main va tomber. »

Je regarde ce membre qui demain disparaîtra; je voudrais voir le visage de cet homme qui meurt lentement par morceaux, et que la pluie fusille chaque soir sur les trottoirs de Delhi.

« Qu'est-ce que je fais ? »

Il parle toujours, la peau me frôle presque.

« Il n'y a qu'une chose à faire, crie Sanandra, foutre le camp. »

Nous courons entre les charrettes, les camions, les cyclistes ruisselants; en quelques secondes la rue est un fleuve.

« Par là... »

Quatre enjambées encore et nous y voilà. Je m'ébroue comme un chien, ma veste n'est plus qu'un paquet d'eau. Nous sommes au Moti Mahal, le restaurant de Delhi.

« Viens voir les cuisines. »

Dans des souterrains immenses, des trous dans le sol moulés de glaise, la braise illumine les visages des hommes accroupis au-dessus de chaque feu, la sueur coule sur les torses nus; ils accrochent des poulets à des broches, les trempent dans des sauces d'huile amère, de lait caillé et d'épices, puis plantent le fer dans le feu qui couve... La chair se dore et craque, explosant en pustules odorantes. C'est le *tendory chicken,* les meilleurs poulets du monde, le plat indien que viennent, chaque soir, manger des Sikhs ventrus.

Un orchestre joue sur une estrade de bois. C'est entre deux rues, réunies par une tente, une centaine de tables bancales couvertes de toiles cirées; Sanandra s'installe près d'une fenêtre, un serviteur nous tend une assiette d'oignons doux et des tasses de thé brûlant, le thé de la grande montagne indienne, tout là-bas dans le nord.

L'inlassable tambourin étouffé de la mousson, le fracas des cymbales et les lancinantes plaintes des luths à sept cordes se trouent des modulations des flûtes sacrées.

« La flûte de Krishna, explique Sanandra; elle est à la fois divine puisqu'elle est l'attribut d'un dieu, et humaine car ses notes s'étendent sur deux octaves et demie, exactement l'étendue de tes cordes vocales. »

Je suce tous les doigts de ma main droite luisants de sauce mordorée.

La flûte vibre et se plaint, une femme blessée,

seule dans un monde vide, nue et enroulée, une tristesse soudaine, lancée comme un poignard. Les doigts de Sanandra tournent sur ma peau, effleurent le cadran de ma montre; je pense que demain...

« Demain viendra », dit-elle.

Je la regarde; les tambours se taisent tandis que retentit le son du shankou, le lourd coquillage, la profonde corne de brume comme le cri des âmes lointaines en perdition dans des mers désertées.

« Tu es une sorcière; comment savais-tu que je pensais à demain ?

— Tu es transparent, Jean-François. Demain viendra, mais il faut déjà que tu saches que je ne serai alors plus aussi vivante... Lorsque tu m'auras quittée, un peu de mort se sera glissé... »

Ses yeux brillent. Allons, elle m'aura aimé.

La tasse tremble dans ma main, le thé est fort comme un orage.

« Viens en France, à Paris, tu travailleras, nous pourrons nous voir... »

Ses yeux me quittent, suivent le jeu des musiciens accroupis, les pieds nus. Les premières notes du sitar s'élèvent.

« Nous pourrions nous voir si peu. Tu volerais des heures, il te faudrait trouver des prétextes, mentir, repartir toujours, des métros, des téléphones, des alibis... Songe à Louis aussi... Et à moi. Et puis... »

Il fallait que cela se décide; il est peut-être bon que les êtres sachent ce qu'ils vont devenir.

« Et puis il y a l'Inde. J'ai parlé tout à l'heure avec Barah, je vais l'aider dans sa tâche, elle sera cet hiver dans le Pendjab, je peux être utile. Il y a trois cents morts de froid chaque nuit durant les mois d'hiver. Mais peut-être ne pourrai-je pas résister... Et puis... »

Voici les Belges, le père, l'ombrelle à la main, l'échiquier sous le bras. Ils s'installent à la table voisine; Odin tire la langue à Sanandra qui plisse le nez, écarte les oreilles, avale sa bouche et s'offre un strabisme instantané. Monstrueuse.

« Arrête, dis-je, il ne mérite tout de même pas cela.

— Vous avez vu ces mendiants! s'exclame le Bruxellois, c'est extraordinaire, une capacité d'évasion de la réalité absolument stupéfiante. Ils sont admirables. Ils sont là, et pourtant ils sont ailleurs.

— J' veux des frites, dit Odin, des frites et du gruyère. »

La mère rattrape l'assiette au vol et le colle à la chaise par une prise d'étranglement.

« Vous les enviez? » demande Sanandra.

La musique s'étale à présent, elle recouvrira la terre chaude et mouillée d'un manteau de notes.

« Absolument. Ils sont à la limite de la dématérialisation. Vos compatriotes sont parvenus à un détachement exemplaire qui est, à mes yeux, la source de toute liberté véritable. »

Ce type est beaucoup plus atteint que je ne le croyais. Les pupilles de Sanandra tournent au charbon incandescent.

« Si vous voulez dire par là que les gens ne hurlent pas de douleur dans les rues, c'est vrai, mais, si vous en tirez le sentiment qu'ils sont libres, je ne peux pas vous suivre sur ce terrain. »

Le Bruxellois commande trois poulets dans les beuglements de protestation de sa progéniture et enchaîne :

« La liberté, c'est le pouvoir de se détacher de tous liens terrestres, c'est l'indépendance de l'esprit.

— La liberté, dit Sanandra, consiste d'abord dans la possibilité de ne pas avoir à fuir son propre corps. Tout le reste est fakirisme et métaphysique de bien-portants.

— Mais cependant... »

Le ton de Sanandra baisse d'une octave; ses yeux brûlent comme les fours des cuisines du Moti Mahal.

« Les mots n'ont pas le même sens pour vous et pour moi; la liberté, pour vous, c'est la possibilité pour un maniaque de jouer tout seul aux dames; pour moi, c'est la chance qu'a un enfant de rester vivant. A partir de là, nous n'avons plus grand-chose à nous dire... »

Silence à la table voisine; Odin retenu par une cheville explore, la tête en bas, les dessous de la table.

« Nous partons? »

Elle me sourit; la couleur de ses yeux est revenue : bronze et cuivre.

Dehors, la pluie a cessé, le brouillard s'est installé, mauve et effiloché. Contre mon bras, je sens encore la vibration ténue de sa colère.

« Ces types m'horripilent, ils viennent par tonnes étudier et se repaître des techniques de méditation qui ne sont que repliement et résistance à un milieu insupportable. Nous ne sommes pas un peuple de sadhus, de bienheureux et de fakirs. Cet imbécile est venu ici comme on vient au music-hall voir des phénomènes.

— C'est toi le phénomène, dis-je; avoue que tu aimes la bagarre.

— Rentrons. C'est vrai que j'ai été agressive avec notre chère famille. »

Nous avons levé le bras ensemble.

Le rickshaw s'arrête; il sort de cette ouate humide qui l'entoure et il roule dans le silence total; tout a disparu, nous sommes seuls au monde. Glissement des pneus lisses sur l'asphalte mouillé, de chaque côté s'étendent les grands parcs. L'Arche gigantesque surnage de la mer qui l'environne : la Porte de l'Inde; des hommes doivent dormir, invisibles, sous les draps de brume... Nous roulons dans un monde fantastiquement cotonneux et silencieux. Tout a disparu : des nuages et au-dessus, par lambeaux, un ciel constellé bourré d'étoiles clignotantes comme une ville vue la nuit à l'envers. La mort est ainsi peut-être. Il doit y régner un tel silence, une telle solitude.

« J'ai vu un film un jour où cette atmosphère était exactement...

— Tu as toujours vu un film qui se rapporte à la circonstance que tu vis; apprends à ne pas comparer les instants de ta vie à autre chose qu'à eux-mêmes. »

Elle a raison. C'est vrai que je dois être casse-pieds avec mes références.

Nos voix n'ont pas rompu le charme; elles se sont perdues... Il a neigé sur Delhi, une neige impalpable et mobile qui rampe par grands pans vaporeux. Je ne comprends pas comment fait le conducteur pour retrouver le chemin. Demain. Demain viendra. Qu'importe. Il y a cette nuit étoilée enroulée de linceuls déchirés, la course des roues dans les mousselines opaques, à travers les grands jardins masqués.

« Si nous ne faisons pas l'amour, chuchote Sanandra, je pourrais en mourir, ou tout au moins ça m'ennuierait.

— Nous ne courrons pas un tel risque. »

Des ombres plus denses à travers un ban d'éclaircie..., des vaches spectrales immobiles près d'un camion arrêté... Des fumées là-bas, bleues et épaisses : des hommes sont là, tout n'a pas disparu et c'est presque dommage.

Des phares tournent au loin, pinceaux étroits et d'un jaune malade; tout retombe, voici à nouveau l'univers des nimbes et des tulles... Le voyage n'est pas fini.

« Nous sommes ·morts, dit-elle, ce sont nos âmes qui errent.

— Elles n'erreront pas longtemps, dis-je, nous allons rejoindre notre demeure, je construirai un Taj Mahal. »

Et le coton épais des cheveux s'avance... Je peux le toucher... Le visage est de nuit sur la nuit... L'odeur de racines et de terre détrempées... Il y avait des chiffres mal écrits au sommet de la muraille... 45 Daranagar Road. Bon Dieu.

Je n'aurai rien su de toi, princesse, même pas à quel point tu savais bien mentir. Je ne me souviens toujours pas de son nom. Elle s'est avancée. Les bras du vieil homme se lèvent.

« Tout va bien, les fonds ont été remis et... »

Elle me regarde, ses yeux reviennent sur le visage obscur.

« Tu peux parler, c'est un ami. »

Il se méfie plus qu'elle puisqu'il parle en effet, mais en hindi... Dieu sait ce que j'ai transporté ce soir-là à Bénarès. De l'argent peut-être; des armes..., je ne pense pas.

Une main cherche la mienne. Il me remercie. Bien sûr que je suis un sympathisant... Il n'y a pas de raison, la cause est juste sans doute... Toutes le sont plus ou moins. Quand il passe devant le réverbère, je vois le corps sombre à travers la chemise : un paquet d'os cassants et une majesté pourtant dans la difformité... Il s'est fondu dans les brumes, il ressortira quelque part à Madras, à Bombay, avec d'autres missions, d'autres chuchotements... C'est étrange, les êtres que nous n'aurons connus que la nuit.

« J'ai commencé à militer surtout après la mort de Singh, dit-elle, je ne peux pas faire grand-chose..., tu sais pourquoi...

— Je peux te l'affirmer. Ils s'occupent même des gens avec lesquels tu couches.

— Pardonne-moi. »

Nos pas sont las sur la pelouse. J'aime le bruit d'éponge des semelles sur les herbes. Mon pied gauche prend l'eau.

« Je t'ai utilisé... Il n'y avait rien de dangereux... Et puis tu n'aurais jamais pu le savoir. »

Il ne fera pas jour avant des millions d'années.

« Ça se terminera mal, Sanandra; arrête, même si tu ne veux pas quitter l'Inde, arrête tout... »

Et voilà, je n'aurais pas cru être capable d'avoir peur pour un autre et je crève de frousse pour toi soudain... Je te tiens pour le moment, ils ne te prendront pas, ils ne pourraient pas y arriver...

« Ils ont eu ton mari; tu ne sais pas, on ne sait jamais comment les gens meurent en prison, tu t'imagines que... »

Les cheveux brillent d'eau suspendue, les bouts des doigts frôlent mes lèvres.

« Tu ne peux pas tout comprendre de ce pays, mais ce que tu as vu doit suffire pour que tu admettes qu'on ne puisse pas le regarder mourir... Tu ne supporterais pas que je dorme, je le sais. »

Je n'en suis pas sûr..., je suis si lâche... Je préférerais te savoir à l'abri de tout... Ce flic à la dent grise, aux postures avachies, il ne faudrait pas qu'il te touche..., ni l'autre, l'immaculé aux yeux en fissure, le robot...

« J'ai vu tes copains à Delhi, et le vieux type dans la nuit. Si tu es suivie, c'est que tu continues la bagarre et qu'ils s'en doutent, tu es au centre du piège et, un jour, il se refermera. Comme ceci. »

Le cou est rond sous mes doigts, ils le casseront dans l'étau de leurs mains.

« Ils te tueront, Sanandra, ils te tueront comme on écrase une mouche.

— Plus à présent, les choses ont changé; il y a quelques années encore, cela aurait été possible, mais aujourd'hui... »

Je sais que tu es plus forte en politique que moi et je ne peux savoir si tu dis cela pour me rassurer ou si c'est la vérité.

« Jamais une nation, quelle qu'elle soit, n'a fait construire de cachots transparents. »

Elle me sourit.

« Tu viendras me délivrer.

— Je les tuerais tous et on irait aux Bahamas où on serait des rois.

— Je vois que tu as le sens des réalités... »

Il reste peu de temps pour le rire; après il n'y aura plus qu'à laisser aller la mémoire. Je vais me souvenir dorénavant, me souvenir et trembler pour toi... La vie, Sanandra, la vie en huit jours. Merci pour le cadeau.

XIII

CORPS étendus dans les aéroports du tiers
monde... Comment s'y prennent-ils pour donner
cette impression d'être là depuis des millénaires ?
Ce vieillard affalé sur des valises éclatées parmi
les épluchures, les bouteilles vides et les capsules
de Coca ne partira jamais; des enfants jouent
entre les corps, sous des chariots aux bagages
amoncelés, cerclés de ficelle... Visages à la fois
paisibles et anéantis. Voici la musique des ventilateurs, le vol épais des mouches, l'odeur que je
n'oublierai pas, crasse et musc, urine et santal...
Accroupi sur une cantine militaire vert bouteille,
un môme bat un lent tambour sur une thermos
vide.

Mon Dieu..., je pars.

La vitre bleue glisse le long de la grande nuit et
passe sur les fuselages en une vision de cinéma-
scope. Dans les faisceaux de projecteurs, des
camions-citernes grands comme des jouets d'enfants roulent sur les pistes balisées...

Longs turbans masquant les visages sombres,
des pieds nus et décharnés piétinent les cosses de
cacahuètes. L'Inde encore pour une heure, cin-
quante-cinq minutes.

Je voudrais t'avoir dit tant de choses...

Et j'en connais si peu.

Et puis cet homme qui part n'est pas le même que celui qui est arrivé, et il faudrait enfin que je connaisse cette différence, je voudrais tout éclaircir, pouvoir comprendre ce qui s'est produit durant ces jours... Je crois savoir à présent.

Je n'avais jamais cessé jusqu'à ce voyage d'être un spectateur. Et cette fois je suis monté sur la scène, le rôle était pour moi. Un premier rôle.

Premier rôle dans les deux sens du terme : le plus important et le seul que j'aie obtenu.

J'ai tout eu soudain : l'autre bout du monde, des dieux, de la mort, de l'or et Sanandra, ce que personne n'aurait osé rêver.

Tout cela aurait pu n'être qu'un décor pour un regard; j'aurais traîné le long des murailles de marbre et des diarrhées vertes des enfants noirs... Mais il en fut autrement, oui, cette fois, la Vie n'est pas arrivée à un autre.

Je fus vivant dix jours.

Et ce soir j'ai presque besoin de cette douleur qui me brise pour ne pas recommencer à mourir.

Ne pense pas à elle, achète les journaux de France, ils sont vieux de trois jours, mais qu'importe, ne te laisse pas envahir, le passé peut servir dans ces moments-là, se fixer sur un souvenir : sortie du lycée, les années 50, je vous regardais, copains, mitonner vos aventures, j'étais le garçon qui restait sur la touche, sur la chaise du dancing à s'intéresser à sa limonade; vous, vous leviez des blondes, vous rentriez, remplis d'intrigues et de secrets, vous aviez les visages de ceux qui savent ce qu'ils veulent et font tout pour cela...

Il n'y avait rien d'objectif dans mon regard, rien de neutre; j'ai eu des milliards de fois la rage passionnée d'être vous, d'être l'autre. Terrible envie parce que stupide. Des jardins du Luxembourg aux portes des périphériques, j'aurais donné Dieu et l'enfer en prime pour être une heure ce grand imbécile satisfait, chaloupant au bras d'une fille. Cela m'est venu, vingt ans plus tard. Il le fallait sans doute.

Sanandra.

Quelle histoire sordide que cette histoire : j'aime la femme que je suis allé chercher pour mon fils ! Quel sujet pour un théâtre de boulevard, un sujet pour amateurs de comique crapuleux et de scénarios érodés jusqu'à la corde... Le papa sur le retour saisi par le démon de l'exotisme se tape la vahiné, la moukère, en avant pour les jeux de mots, les clins d'œil salaces : papa Varnier dans le sérail des sultanes...

Non, ce n'est pas cela, tu le sais bien...

Qu'est-ce que cela va être, la vie, à présent ?

Il est désormais là-bas, tout en bas à droite de la carte du monde, une ville étrange et bariolée qui contiendra éternellement la part vitale de moi-même.

Un soldat kaki de peau et de chemise me palpe, suce la mine de son crayon et trace des signes zigzagants sur ma carte d'embarquement.

J'y retournerai... Dans quelques mois, à la Noël, je trouverai un prétexte, j'économiserai, j'emprunterai, on peut toujours; ou elle viendra, ce n'est pas loin, la Noël, quatre mois si on ne compte plus août.

Sanandra.

La ruée vers la passerelle.

Merde.

Ces poignées de valise en plastique sont une infecte saloperie, je la tiens à deux mains plaquée sur mon ventre. Ça doit lui sembler drôle, à l'hôtesse, qu'à mon âge on puisse pleurer pour une poignée cassée.

« L'équipage et son commandant sont heureux de... »

Dix minutes.

Je reviendrai, je le jure, je le veux, merde et merde, et je le ferai; avant, je ne tenais jamais mes promesses; ça va changer, tu vas voir ça...

Pourquoi tu ne restes pas, sale con, trouillard, sale con, va.

Merde, ça me ruisselle jusque dans le cou, je n'ai jamais chialé comme ça, comme un con. Je m'en fous, dès que j'arrive, je dis que je repars, je ne pourrai plus rester; rien de plus simple que ça; je ne peux plus rester et qu'on ne s'avise pas de me demander pourquoi...

J'ai trop mal, tant que j'en étouffe; arrête de hoqueter, sale con.

Sale trouillard, va...

Maison de Harischandra Road, la mère dans le passé prestigieux des hauteurs de Simla, le père si calme, les longs couloirs feutrés, la statue du jardin, l'eau dans la vasque et toi dans les allées, la nuit va tomber sur Bénarès, voici les étoiles de toujours, la même nuit éternellement répétée, éternellement douce sous les palmes. Et la vie suivra sans hâte dans les gestes renouvelés... Je ne saurai jamais quels sont les moments où elle se souviendra de nous...

Le sol vibre sous les moteurs lancés.

J'ai peur que ma serviette tombe, nu et mouillé comme une soupe; elle sourit dans le couloir.

« Je m'appelle Sanandra. »

Clignotants. *Fasten seat belt. No smoking.* Arrachement des pneus.

Bûchers de Manikarnika, les cortèges, les linceuls de soie.

« C'est bien Louis qui est rassuré, n'est-ce pas ? »

Vol, la terre comme une diagonale jetée par-dessus bord, une ligne basculée, fusante.

« Tu es idiot, c'est toi le Grand Moghol.

— Aucun doute là-dessus.

— Nous sortons ?

— Les soirs de pleine lune, la foule reste dans les jardins. »

L'encre du ciel, sifflements, choc du train d'atterrissage rentré, hôtesses à plateaux de jus d'orange.

« Tu n'avais pas trop d'images du Kama Soutra dans la tête ?

— Lorsque tu m'auras quittée, un peu de mort se sera glissé...

— La flûte de Krishna, à la fois douce et humaine... »

Mon Dieu... Je ne pourrai pas tenir.

La politique... Ce mot n'a plus le même sens maintenant pour moi... Une femme dans la nuit pour que des enfants mangent... J'aurais pu t'aider plus, mais j'ai eu trop d'angoisses depuis cette photo, un soir, sur la moquette... Cela doit s'appeler avertissement ou méthode d'intimidation... Pour ces consciences policières, j'ai dû finalement être, quelques instants, un agent étranger...

J'aurais pu t'aider plus..., j'aurai simplement porté un paquet, un soir... Garde-toi, petite, ils rôderont toujours... Tout disparaît.

Ne pas regarder par le hublot. Si je me penche, j'y verrai l'arche du pont qui ne fut jamais construit et qui devait réunir le sommeil des deux amants... Quelle arche, Sanandra, que la nôtre ! Elle traverse la terre, splendide et élancée, par-dessus les routes et les montagnes, un jet de marbre pur, lisse et tendu. Nous l'avons bâtie si solide que rien ne la ternira. Comme vous ririez, charmants peuples d'Europe, si vous saviez tout ce qu'en cet instant ma tête contient d'amours éternelles et inébranlables, de foi et de serments, et qu'il est vrai que cela n'est plus à la mode, vieux romantique égaré, ton premier amour, grand-père, pas de quoi en faire un Taj Mahal.

ÉPILOGUE

HIER, c'était vraiment le jour.

Il y a des jours où c'est le jour.

Le thermostat de la cuisinière s'est coincé pour la cent vingt-cinq millième fois et on a mangé calciné. En plus, j'ai failli rester en rade devant la gare Saint-Lazare en plein boulevard, une panne de batterie. J'ai dû faire réparer, les prix ont drôlement augmenté. Le type qui m'a changé la batterie m'a également fait remarquer que mon pot d'échappement était mort et deux ou trois bricoles aussi sympathiques. Spécialités garagistes...

Je suis arrivé à Roissy avec un quart d'heure de retard, mais ce n'était pas grave, l'avion, lui, en avait deux heures et demie. J'ai lu des journaux en série, je me suis baladé, j'ai regardé les gens, et puis j'ai pensé que cela allait faire quatre ans que je m'étais trouvé dans cet endroit pour la dernière fois...

Pas mal de choses se sont passées depuis : Sylvestre a monté son gymnase, les fiançailles de Monique, j'ai avancé dans la hiérarchie et acheté la baraque dans le Loiret... La ruine à retaper, rien d'original, mais ça occupe les vacances...

Lorsque j'étais rentré, Louis n'était plus à Paris; il avait filé en Corrèze, une communauté végétarienne très fermée; ils chantaient, paraît-il, des cantiques toute la journée. Quand il en a eu assez, il est parti avec la soprano.

Bref, les années ont passé entre les pannes de batterie et les coincements de thermostat. Les enfants ne sont plus avec nous. Cela me permet d'avoir un bureau dans une ancienne chambre. Simone le fait visiter à ses copines : « C'est le bureau de Jean-François. »

Côté travail, des responsabilités, des satisfactions, et, par-dessus le tout, un maximum d'énervement. Mais je n'aurais jamais cru un jour être directeur adjoint. La chance. Peut-être.

« Les voyageurs pour New York, Chicago, San Francisco sont priés de se rendre au quai n°... »

Je n'y pense plus. Pour être plus exact, cela fait quatre ans que je réussis le plus souvent à penser à autre chose. Il y aura un jour où je ne forcerai plus du tout. Déjà...

Un souvenir, c'est comme une batterie; si on ne le recharge pas, il s'éteint. Un jour, j'aurai des souvenirs sans jus. Une demi-heure encore.

Avec son air mollasson et ses moustaches désespérées, Louis a finalement signé d'une main décharnée un contrat avec une maison internationale qui exporte des machines-outils. Il voyage; il a le secteur Asie du Sud-Est. Il part pour six mois quelquefois, il fait le Japon, Hong Kong, la Malaisie, il s'occupe de tout, la publicité, le personnel, la vente; il est devenu cet homme qui traverse les continents sur les moquettes des Sheratons. Il m'a dit la dernière fois avoir fait trois mille kilomètres pour virer deux agents. Je le crois très dur en affaires, il n'y a rien de tel que les anciens végétariens pour faire de jeunes loups. La qualité de ses jeans s'est nettement améliorée.

Simone me disait l'autre soir en roulant ses

bigoudis qu'on avait fait le plus mauvais. C'est donc le meilleur qui reste.

Tant mieux.

Elle a dressé une sorte de bilan; les garçons sont casés et bien casés, Monique va se marier bientôt, et ça, c'est tout de même un soulagement parce qu'il s'est passé une époque où on pouvait se demander comment elle allait finir... Je gagne assez bien ma vie, on a la résidence secondaire... J'ai eu envie de lui demander pourquoi, alors, elle n'était pas gaie plus souvent, mais ceci est le genre de remarques que je me défends de faire. Quant à...

Voilà les voyageurs... Je n'ai jamais pu attendre quelqu'un sans une certaine anxiété; comment est-ce que le temps s'y est-il pris avec lui et avec moi...

« Salut. »

Ma spécialité encore : me faire surprendre par les gens que je suis venu attendre. On s'embrasse. Il a pris un peu de poids, dirait-on. Je me demande s'il court toujours aussi vite.

« On a eu une panne à Bangkok, on a dû changer d'avion...

— Ça arrive. On prend un café? »

Miroitement des glaces et de l'inox... Des avions derrière les baies, le soir va tomber. J'aurai passé l'après-midi à l'aéroport.

« De bonnes affaires? Tu es content? »

Grimace.

« Le marché japonais se ferme; de plus en plus durs, les mecs; mais à présent ça y est, sur Tokyo et Osaka, je suis le seul. Les autres compagnies se sont tirées. »

Il se frotte les mains.

« Il faut savoir ce qu'on veut et tenir jusqu'à ce qu'on l'obtienne. Dans deux ans, je serai le seul fournisseur dans le pays. »

Tu as changé, fiston, je ne veux pas dire que je te préférais avant, mais...

« Au fait, j'ai un message pour toi ; tu te souviens, la fille pour laquelle je t'avais expédié à Bénarès ?

— Vaguement. »

Pourquoi ont-ils monté les musiques soudain ? Pourquoi cet air vient-il de s'étendre en nappes ? Je comprends mal ce qu'il me dit.

« ... cocktail d'ingénieurs à Dèlhi pour un marché de silos de céréales. J'étais aussi étonné qu'elle. »

La musique... D'où elle vient, celle-là ? Des tambours comme ceux qui, dans les rues d'un autre monde, annoncent les cortèges funèbres ; il fait chaud, quarante au moins, nous sommes au mois d'août.

« Elle m'a dit de te transmettre le bonjour. »

Une flûte, la flûte à deux octaves, elle avait dû m'en dire le nom... Il y avait un temple sur un lac, un temple rouge cerné de fleurs jaunes... Ne ravive pas, ne touche plus, Friquet..., laisse mourir. Elle vit toujours... L'homme en blanc ne l'a pas eue...

« Elle s'est mariée ?

— Nous n'avons presque pas parlé, il y avait du monde. Elle m'a dit cela, c'est tout... On s'en va ? »

Les notes ralentissent, les voix qui s'étaient tues renaissent... Les dieux aux bras multiples pâlissent... Il y avait de la pluie sur les palmes du jardin.

Le garçon déchire le ticket, je ramasse la monnaie. Le café aussi augmente.

« Le plus marrant de tout, c'est que je n'arrivais pas à me rappeler son prénom. »

Je pense que j'arrive à sourire.

« Et toi, tu t'en souviens ? »

Il a soulevé l'une de ses valises. Je prends l'autre.

C'était en Inde autrefois, et elle fut ma vie.

Il se retourne, répète :

« Tu t'en souviens ? »

Incroyable ce que cette valise est lourde.

« Parfois », dis-je.

DU MÊME AUTEUR

Chez le même éditeur :

L'AMOUR AVEUGLE.
MONSIEUR PAPA.
$E = MC^2$, MON AMOUR.
POURQUOI PAS NOUS ?
NOUS ALLIONS VERS LES BEAUX JOURS.
DANS LES BRAS DU VENT.

« Composition réalisée en ordinateur par IOTA »

IMPRIMÉ EN FRANCE PAR BRODARD ET TAUPIN
7, bd Romain-Rolland - Montrouge - Usine de La Flèche.
LIBRAIRIE GÉNÉRALE FRANÇAISE - 14, rue de l'Ancienne-Comédie - Paris.
ISBN : 2 - 253 - 03260 - 3